「智理文化」系列宗旨

「智理」明言

中華智慧對現代的人類精神生活，漸漸已失去影響力。現代人，大多是信仰科學而成為無視中華智慧者，所以才沒有辦法正視中華智慧的本質，這也正正是現代人空虛、不安，以及心智貧乏的根源。

有見及此，我們希望透過建立「智理文化」系列，從而在「讓中華智慧恢復、積極改造人性」這使命的最基礎部分作出貢獻：「智理文化」系列必會以正智、真理的立場，深入中華智慧的各個領域，為現代人提供不可不讀的好書、中華智慧典範的著作。這樣才有辦法推動人類的進步。我們所出版的書籍，必定都是嚴謹、粹實、繼承中華智慧的作品；絕不是一時嘩眾取寵的流行性作品。

何以名為「智理文化」？

佛家說：「無漏之正『智』，能契合於所緣之真『理』，謂之證。」這正正道出中華智慧是一種「提升人類之心智以契合於真理」的實證活動。

唯有實證了「以心智契合於真理」，方能顯示人的生活實能超越一己的封限而具有無限擴展延伸的意義。這種能指向無限的特質，便是中華智慧真正的價值所在。

至於「文化」二字，乃是「人文化成」一語的縮寫。《周易•賁卦•象傳》說：「剛柔交錯，天文也；文明以止，人文也。觀乎天文，以察時變，觀乎人『文』，以『化』成天下。」可見人之為人，其要旨皆在「文」、「化」二字。

《易傳》說：「文不當故，吉凶生焉！」天下國家，以文成其治。所以，「智理文化」絕對不出版與「智」、「理」、「文」、「化」無關痛癢的書籍，更不出版有害於人類，悖乎「心智契合於真理」本旨的書籍。

由於我們出版經驗之不足，唯有希望在實踐中，能夠不斷地累積行動智慧。更加希望社會各界的朋友，能夠給我們支持，多提寶貴意見。最重要的是，我們衷心期待與各界朋友能夠有不同形式的合作與互動。

「智理文化」編委會

覺慧居士介紹

張惠能博士（覺慧居士），香港大學畢業和任教，修讀電腦科學及專門研究人工智能。少年時熱愛鑽研易經、玄學及命理。廿多年來，深入研究及教授心得，未曾間斷。

覺慧居士「玄學系列」著作：《八字心悟》、《八字心訣》、《八面圓通》。覺慧居士「易經系列」著作：《周易點睛》、《易經成功學》、《推背圖國運預測學》。

「阿闍梨玄學五術」之八字十式

導讀

天人合一，道化為術；人天合一，道裂變術

「道」者，神明之源；能達到神智清明，必以道，法自然，為其端。五行自然，先天之德，就是五行生剋制化。

五行精義

五行者，水木火金土。水主精（精思，思慮）、木主魂（靈魂，主宰靈性）、火主神（神明，照於四方）、金主魄（氣魄）、土主意（意志）。

「精神魂魄意」，固實不動，乃能內視返聽，定志思之大虛。聖人虛其心（減少自己我執的主張）合為一（五行的核心思想：天人合一條件下的變化和運動），則見陰陽終始，以道（一分為二，二合為一，是謂之道）知、以神明（全神之安祥與威儀）。

聖人必守於一，而行五行「生生之德」，此即是「道以為術」。天人合一，道化為術；人天合一，「道裂變術」。

聖心訣

一、 山河同悲

　　聖人與眾生患難與共卻又能視之為無足輕重。

二、 一語成真

　　聖人無心（無所住而住其心），自然一語成「真（真言）」。

三、 大日之道

　　大日即天地，自然的大道，大道本具。

四、 大化無形

　　聖人攝化眾生，乃符合其內心志願而鉤召之，故眾生最大的變化都是發生在不知不覺中（悉能相信「自己」）。

五、 先情後理

　　己不先定，牧人不正，事用不巧，是謂「忘情失道」。聖人先定於情（情定中因），後論道術法則。

六、 進退莊嚴

　　春生夏長，秋收冬藏，天之正也。聖人但凡作事或勸人作事，一定要合乎自然。

七、 愛敬三昧

　　聖人令人愛敬（敬畏）之法，在「智慧、福德、威勢」三者合成，當中一定須要有過人的威勢。

八、 術而正位

名正言順，循名作事，則有實位。名實相生，名位實利，生於合理。

九、 世無常師

世間沒有一成不變的「師法」，應常為無所不為（沒有先決成見），所聽無所不聽。

十、 五行歸一

玄學五術之最高完美「神智」境界。神智，有五種「先天之氣」。五行「生剋制化」，是以「無形之理」表達於「有形的規律」。聖人心守於一，而以「德」養五氣，心能得一，乃得其術，此即是「道化為術」。術之行道，是神智清明而達成使命。

聖人以之「觀天地之開闢，知萬物所造化，見陰陽之終始，圓人事之政理」，是謂「道」知，以通「神」明，應用無方，而「神機莫測」。

覺慧
壬寅年清明

目錄

第一篇、體道章

阿闍梨玄學五術，以道為體，不以術為主。

五術體道

山河同悲，一語成真。
大日之道，大化無形。
先情後理，進退莊嚴。
愛敬三昧，術而正位。
世無常師，五行歸一。

一、 **山河同悲**：大荼毒鼓，轟天震地，蒼生有
難，山河同悲。阿闍梨是大隱在市，與眾
生患難與共，卻又能觀察世事無非只是
一種如如不動、不生不滅現象。依阿字本
不生故（「阿」字，為諸法之體性，萬法能
生之根源；「本不生」者，本來本有，不是
現在才始生），阿闍梨與眾生患難與共，
卻又能視之為無足輕重。

二、 **一語成真**：阿闍梨不立無謂之事，不說無
謂的話，否則必敗。阿闍梨所守者，唯是
「一尊（一切事物源頭）」，「一」而不惑，
方能以平等心洞悉世事，無心（無所住而
住其心）自然，一語成「真（真言）」。

三、 **大日之道**：阿闍梨即大日，即是天地，自
然的大道，故本具（本來面目）知天知地
（順乎天地自然的大道），知人世（通人之
常情）；知陽知陰（五行善分陰陽，「干支
八卦、神機鬼藏」），知萬物（本不生，苦
樂是平等；生死，苦樂是循環），預測很
多將要發生的事情（陰陽不和，始苦終苦，
終始非義；陰陽其和，始苦終樂，終始其
義）。

四、 **大化無形**：阿闍梨攝化眾生，是主動去符
合其內心志願而鉤召之，故最大的變化
都是發生在不知不覺中。阿闍梨能使天
下之愚人智人，悉能相信「自己」。

五、 **先情後理**：阿闍梨先定於情（情定中因），後論法則。自己要有「定」力，情先定，為之法則。忘情失道（貪嗔痴慢疑），即是迷失自己。己不先定，牧人不正，事用不巧，是謂「忘情失道」；己情先定以牧人，策而無形容，莫見其門，是謂「神變加持」。文思條理，生於合理，事皆有因，不可不察，判斷正確。

六、 **進退莊嚴**：阿闍梨但凡作事或勸人作事，一定要合乎自然。人有離合，事久生疲，該進則進，該退則退，秘密莊嚴。春生夏長，秋收冬藏，天之正也。不可干而逆之，否則雖盛必衰，此天道之大綱也。

七、 **愛敬三昧**：阿闍梨令人愛敬之法，在「智慧、福德、威勢」三者合成。當中一定須要有過人的威勢，使人服而不知其所以服，使人畏而不知所以畏，才談得上愛敬三昧。

八、 **術而正位**：阿闍梨名正言順，則施教十方。循名作事，則有實位。名實相生，名位實利，生於合理。

九、 **世無常師**：世無常貴，事無常師，世間沒
有一成不變的「師法」。故阿闍梨常為無
所不為（沒有先決成見），所聽無所不聽。

十、 **五行歸一**：阿闍梨玄學五術之最高完美「神
智」境界，是依法於「五行」。神智，有五
種「先天之氣」，即是五行、五氣、五德，
始於道，故是「五行歸一」。五行「生剋制
化」，是以「無形之理」表達於「有形的規
律」。阿闍梨心守於一，而以「德」養五
氣，心能得一，乃得其術，此即是「道化
為術」。術者，是後天一心全神於一尊之
道；術之行道，是神智清明而達成使命。
至於可以悟通之事理，皆是依於五行中
和，五氣相養，得「天時、地理、人和」，
自然而化（化是合乎「天時、地理、人和」
之變）。

五行精義

五行者，水主精（精思，思慮）、木主魂（靈魂，主宰靈性）、火主神（神明，照於四方）、金主魄（氣魄）、土主意（意志）。「精神魂魄意」，固實不動，乃能內視返聽，定志思之大虛。*阿闍梨虛其心（減少自己我執的主張）合為一（五行的核心思想：天人合一條件下的變化和運動），則見陰陽終始，以道（一分為二，二合為一，是謂之道）知、以神明（全神之安祥與威儀）。「道」者，神明之源；能達到神智清明，必以道，法自然，為其端。五行自然，先天之德，就是五行生剋制化。阿闍梨必守於一，而行五行「生生之德」，此即是「道以為術」。天人合一，道化為術；人天合一，道裂變術。阿闍梨對外要「意志堅定」，它的力量不是外在，而是出於「內在之心安理得」，才能令人感受到你的「神清氣定」，有著一種無形的「威儀」、「威勢」，就能令人對你有無形的敬畏。阿闍梨以之觀天地之開闢，知萬物所造化，見陰陽之終始，圓人事之政理，是謂「道」知，以通「神」明，應用無方，而「神機莫測」。

（後記：其實「阿闍梨玄學五術」跟其他「八字班」中我所教授的，是不可同日而喻的。因為在這裡，我們一起都以「道以為術，一語成真」為鍛鍊之目標。這「一語成真」，真的不應人人傳授的，只能因材施教的。希望大家明白和惜緣！）

第二篇、《滴天髓》之〈通天論〉

〈通天論〉

欲識三元萬法宗，先觀帝載與神功；
坤元合德機緘通，五氣偏全定吉凶。

戴天覆地人為貴，順則吉兮悖則凶；
欲與人間開聾聵，順悖之機須理會。

理承氣兮豈有常，進兮退兮宜抑揚；
配合干支仔細詳，定人禍福與災祥。

這篇〈通天論〉，大家先背誦在心。

它可算是明代國師劉伯溫的「證道歌」。念之
久久，則道術合，自能奉天承運（「先天而天弗
違，後天而奉天時」），故曰「通天」。

覺慧註〈通天論〉

欲識三元萬法宗:

天元、地元、人元。天地合,而萬物生。四時行焉,陽變陰化,「陽變」代表相生,「陰化」代表相剋,相生相剋,則五行在其中矣。四時行焉,萬坳生焉,這是天地人的三元(其實應該是天地萬物三元,人也是萬物之一)。【命理大意:三元就是八字中的「天干、地支、日元」,人生一切際遇,萬變不離其中。】

先觀帝載與神功:

這無非就是「觀四時中五行陽變陰化而顯生萬事萬物」之大道。《陰符經》云:「觀天之道,執天之行,盡矣。天有五賊(五行),見之者昌。五賊在心,施行於天。宇宙在乎手,萬化生乎身。」帝載者,人心也。神功者,參天地之造化,莫非「四時中五行陽變陰化而顯生萬事萬物。五行者,得之者奪天地之造化,不得者反為天地之所奪,故又名五賊。《陰符經》說:「五賊(五行)在心,施行於天」,唯人心才能把發現和利用五行陽變陰化這生生不息之天規天律。「宇宙在乎手,萬化生乎身」,只要能深深掌握五行生生不息規律(是名奉天承運),此身命即能替天行道,溝通五賊,奪天地、奪造化、奪生死!神功者,「施行於天」。【命理大意:日柱天干,名為日主,是帝。日柱地支,

是帝載；乃至八字中四柱各地支，皆于稱帝載。神功者，功是功用，故神功就是功用神。但凡我尅、尅我、我生者，皆為功用神。】

坤元合德機緘通：

坤元者，是指大地為生長萬物的根元。《易經·坤卦》：「至哉坤元，萬物資生，乃順承天。坤厚載物，德合無彊。」

《易經·乾卦》：「大哉乾元，萬物資始，乃統天。雲行雨施，品物流形。大明始終，六位時成，時乘六龍以御天。乾道變化，各正性命，保合大和，乃利貞。」故知「德」者，天德也，上天有生生不息之德，是「大明始終，六位時成」，故能潤澤萬物、融通萬方，無有止境、無有不能。機者，人心也。

《陰符經》說「天性，人也。人心，機也。立天之道，以定人也。」天生萬物，地載萬物，萬物受天覆地載之恩，始能生長於凡間，萬物之中，惟人有萬物之靈，人之「精神魂魄意」，其本性皆五行生生不息之德。

《易經》説:「大人者,與天地合其德,與日月合其明,與四時合其序,與鬼神合其吉凶,先天而天弗違,後天而奉天時,天且弗違,而況於人乎?況於鬼神乎?」

《陰符經》又説:「立天之道,以定人也。天發殺機,移星易宿。地發殺機,龍蛇起陸。人發殺機,天地反覆。天人合發,萬變定基。」皆可謂「默(緘默)而識(通達)之」。若不是心與理契,念念不忘者不能。【命理大意:藉由天干、地支、日主合參,可把緘封的天機打開,通天地萬物變化大道。】

五氣偏全定吉凶:

《陰符經》云:「天生天殺,道之理也。」如何通達這「道之理」?《陰符經》又云:「天地之道浸,故陰陽勝。陰陽推而變化順矣。聖人知自然之道不可違,因而制之至靜之道,律歷所不能契。爰有奇器,是生萬象,八卦甲子,神機鬼藏。陰陽相勝之術,昭昭乎盡乎象矣。」天地萬物無不浸淫天之道中,亦難逃五行之陽變陰化,是謂之「天地之道浸,故陰陽勝」。「八卦甲子,神機鬼藏。陰陽相勝之術,昭昭乎盡乎象矣」,不論是八卦,抑或是六十干支(甲子乃六十干支之首),也無非五行之載體而已,能掌握「陰陽相勝之術」,則可「昭昭乎盡乎

象」，這是指自然能知天知地（順乎天地自然的大道），知人世（通人之常情）；知陽知陰（陽變陰化，則有五氣偏全之象），知萬物（生殺吉凶，是循環），預測很多將要發生的事情（陰陽不和，始苦終苦，終始非義；陰陽其和，始苦終樂，終始其義），故說「五氣偏全定吉凶」。

《陰符經》又云：「日月有數，大小有定。聖功生焉，神明出焉。其盜機也，天下莫能見，莫能知。君子得之固窮，小人得之輕命。」五行道術，乃為大人謀，不為小人謀，故君子得之，能不努力去窮通其至理嗎？【命理大意：批斷八字，必須先看每一個五行獨自在四柱的分佈情況（偏看），然後再把五行合一作全體來看，要能做到莊子所說的「目無全牛」妙境，這樣即能準確論斷人生一切際遇的吉凶。】

戴天覆地人為貴，順則吉兮悖則凶：

戴和覆，均有恩澤和得益的意思。人，乃得天地之恩澤，故含藏著能掌握五行生生不息天機之心靈，是一切含靈中之至尊至貴者。《陰符經》既云「五賊在心，施行於天。宇宙在乎手，萬物生乎身。天性，人也。人心，機也」，則人心自能發現和利用五行陽變陰化這生生不息之天規天律，並能深深掌握五行生生不息之機，奉天承運，此身命即能替天行道。《陰符經》説「立天之道，以定人也。天發殺機，移星易宿。地發殺機，龍蛇起陸。人發殺機，天地反覆。天人合發，萬變定基」，又説「天生天殺，道之理也」，這才能顯「順則吉兮悖則凶」的大義。【命理大意：八字批斷，固能窺「天生天殺」之機，然亦不能逆天行事，否則必敗，故説是名「順則吉兮悖則凶」。預知「天生天殺」此「道之理」，能做到天人合發，指導人「順則兼濟天下，逆則退藏於密」，即是參天地之造化，萬變定基，可以順通。】

欲與人間開聾瞶，順悖之機須理會：

盲瞶，眼瞎耳聾。，比喻愚昧無知。不知天生
天殺之理者，如聾瞶；知生天殺之理者，於順
悖之機自能理會之。【命理大意：八字命理，
乃光明大道，道術融合，「光明」是其心法。
心常光明，至陽至剛，既知天命，自然從心所
欲而不踰矩，方能成為人天眼目，擁有偉大靈
力，授人以光明，開人間之聾瞶。】

理承氣兮豈有常，進兮退兮宜抑揚：

理，是天理，就是五行陽變陰化之「造化生生
不息機（機理）」。氣，是五氣，即是五行。上
文說「觀天之道，執天之行，盡矣。天有五賊
（五行），見之者昌」，就是「理承氣」之大義。
觀天之道，唯在於了悟「天之道（理）」乃五氣
之所承。

《陰符經》說：「立天之道，以定人也。天發殺
機，移星易宿。地發殺機，龍蛇起陸。人發殺
機，天地反覆。天人合發，萬變定基。」理承氣
兮豈有常，故才有「進兮退兮宜抑揚」修鍊。【命
理大意：批斷八字，必須先看命局中每一個五
行在大運流年的進升或退降，繼而或抑或揚，
以啟發「天人合發，萬變定基」之創造命運境
界。】

配合干支仔細詳，定人禍福與災祥。

《陰符經》説「八卦甲子、神機鬼藏」，故知透過干支八字，自可以演算一切。天有十干、地有十二支，世間萬事萬物，都在五行之中，它們相生相剋，無處不在。所謂八字之最大吉象，很簡單就是五行中和之象，萬事都得有一個權衡，方可以不偏不倚。【命理大意：師門「配合干支仔細詳，定人禍福與災祥」之方法，唯是以「八字十式」，印證以五行陰陽「中和權衡」之大道，預測「禍福與災祥」大道。】

【思考題】

「觀天之道，執天之行，盡矣」，説明人應模仿天地五行陰陽的作用，建立起人萬物一體的「天人合一」或「天人感應」思想：天人二者合而為一，構成統一的宇宙論、宗教的神秘主義。

「天有五賊（五行），見之者昌」，故知五行陰陽為「道的載體」。

「五行無常勝」，五行是否相勝，涉及度的問題。譬如「火鑠金，火多也」，若只是一點星心，不可能熔化一座金山。

陰陽五行的交替而導致「四時」。五行與四時之間的對應關係：木主春氣，火主夏氣、金主秋氣、水主冬氣（木氣王於春……，水氣王於冬），土德輔助四時。在「月令」中，就規定著「王」者是什麼五行。

見諸文字記載，陰陽的出現比五行為晚。凡屬積極方面的，屬於陽；凡屬消極方面的，屬於陰。

把陰陽和五行合而為一的連綫是「玄術」，其陰陽五行思維方式，是一種自成一格的「認知」形態。

「天人合一」或「天人感應」的統一宇宙論，所採用的論述方法是一種類比法：取象比類。如：春天多風，風吹動草木，萬物更新，就說木性喜孕育；由此又把人的肝氣旺於春，易得肝病，故把肝跟五行之木歸為一類。

干支與陰陽：天干屬陽，地支屬陰。

從天干本身再分，又可以再分出陽干和陰干來，還可以分出陽支和陰支來。干支的陰陽所屬，是依天干之序和地支之序，凡奇數者為陽干陽支，凡偶數者為陰干陰支。天干本屬陽，

又分陰陽；地支本屬陰，又分陰陽，這樣，便陽中有陰，陰中有陽，陰陽互根。

【問題】

一、

五行相生：木、火、土、金、水

五行相剋：木、土、水、火、金

大自然中，包含著樸素的五行相生剋自然現象，請説明之。這題是五行基本知識，算是熱身，基本上沒有難度。

二、

五行象徵「精神魂魄意」，是進入「阿闍梨級玄術」之門徑。大家試用此來指出五佛各自之五行屬性。這題主訓練大家對五佛象徵忄生的理解及相應度，也考大家「類象思考」天份。

三、

「戴天覆地人為貴」，「人」何貴之有，「人」貴在哪？這問題，是試金石，考大家證量。

大家都要作答，下一個月上課前交卷。互勉互勉。

【答案】

一、

五行相生相尅：

1. 水生木，木是不斷生滅的物質，木依賴資養生長，水是木之助緣，木像徵萬物重生之春季。

2. 木生火，火以木作為燃料而散發熱力與光明，木是火之助緣，火像徵炎熱之夏季。

3. 火生土，火燒盡木或其他東西均變成灰燼塵土，或火山爆發熔岩流過的土地變得肥沃。火是土之助緣，土同時含有火，水和金。土不受任何季節所限，任何時間都作為一種載體存在。

4. 土生金，金在土深處長時間受壓受熱受侵蝕而形成金屬礦物，土是金的載體，金像徵炎夏之後萬物成熟之秋季。金是需要從土中挖掘才會顯現的物質。

5. 金生水，萬物成熟之後便會凋零，枯木不須依賴水生長，過多的水便滲透到泥土下岩層（含金屬礦物）中形成地下水，金是水之載體，水像徵寒冷之冬季，是萬物消亡及休養生息之時。

6. 水尅火，水能熄滅和限制火的擴散。

7. 火尅金，金原來堅硬卻能被火溶解，金需要火冶煉才能成為利器。

8. 金尅木，木成熟後被金製造之利器收割，木需要利器切割雕刻才能成為棟樑。

9. 木尅土，木生長時翻動泥土，土中水和養分被過多的木吸收變得不再肥沃濕潤。

10. 土尅水，水被土限制流動和改變形狀，如以土建築堤壩儲水和泄洪。

相生是助長物質生長或發揮功能，相尅是限制物質之功能或改變物質之原來特性和形態，令其發揮另一種功能。五行相生構成一個平衡的生態能量循環系統。相尅是人從大自然五行中，透過改變／限制／增加五行功能達到日常生活的應用。

二、

大日如來：意（宇宙之真實，乃一大原動力 Cosmic Habitforce，上師稱之為大靈力）

阿閦如來：魂（生命源底：靈魂、靈性）

寶生如來：魄（平等持心，是無畏之根本；又無畏氣魄，才是地藏氣魄之「我不入地獄、誰入地獄」）

阿彌陀如來：精（思維即言說，登壇說法）

不空成就如來：神（照明世間，內外明徹，就是自度度他的意思）

三、

凡夫與大日如來，真正的區別，是最簡單的區別，是什麼？唯真的找到它，才能擊破凡夫心的束縛，激活大日如來的心魂。

不能只是依字直解，這是印心題，表達心之證量。這題是如何要表達自證宇宙最簡單清純之道理。是難，只因心迷！是易，唯因心清。當局者迷，破觀者清。

第三篇、五行

五行看「精神魂魄意」

五行，先看「精神魂魄意」，是阿闍梨（宗師級）五術之不共法，只因八字論命首重性情，以「性格決定命運」故。

水，「精」之行；精為「精思」，能善思維，故是「智」。

火，「神」之行，神為「神明」，主天下文明，光明遍照，無時不明，無處不照，故是「禮」。

木，「魂」之行，魂為「靈魂」，靈性覺醒（宗教性），天地生物之心為「慈」，故是「仁」。

金，「魄」之行，魄為「氣魄」，百煉不輕，從單不違，故是「義」。

土，「意」之行，意為「意志」，古德云「志不立天下無可成之事」，立志由我，故是「信」。

十天干

五行分陰陽，以十天干為其表現形式（十二地支也無非是含藏著天干之載體而已）。故天干就是用來表示五氣運營規律的符號，一共十個，分別是：甲、乙、丙、丁、戊、己、庚、辛、壬、癸。甲、丙、戊、庚、壬，是屬陽的天干。乙、丁、己、辛、癸，則是屬陰的天干。

這十個天干以五行劃分：甲乙屬木，丙丁屬火，戊己屬土，庚辛屬金，壬癸屬水。

《尚書•洪範》説天干之五行陰陽特性

《尚書•洪範》説：「五行：一曰水，二曰火，三曰木，四曰金，五曰土。水曰潤下，火曰炎上，木曰曲直，金曰從革，土曰稼穡。」説清楚了十天干各各之五行陰陽特性。

一、 木的特性：

木曰「曲直」：「甲」木向上，寧折不屈，是直；「乙」木向外伸長舒展，是曲。「曲直」是相對矛盾的意義。

二、 火的特性：

　　火曰「炎上」：「炎」指的是「丙」火有炎熱、
旺盛、權重之性，所謂「趨炎附勢」的「炎」
就是指權貴；「上」又是另一特質，丁火為
陰，代表燈燭之火，光明向上，溫熱升騰。

三、 土的特性：

　　土曰「稼穡」：「稼」是播種，指的是「己」
土「能生」萬物的現象；「穡」指收納，是
指戊土重固「能藏」江河水，如堤垣堤岸
畜納大水的作用。（「稼穡」原意是播種和
收穫農作物，延伸為能生、能藏（承載）
之意。）「稼穡」也是相對矛盾的意義。

四、 金的特性：

　　金曰「從革」：「從」是跟從，是指庚金百
煉不輕，不改變了；「革」是革新，是指辛
金柔軟，溫潤輕清，要改變了。「從革」也
是相對矛盾的意義。

五、 水的特性：

　　水曰「潤下」。「潤」是潤澤，是指癸水如
雨露潤澤之水，滋助萬物；「下」是漫天
下，是指壬水浩浩漫天下。

五行相生相剋

1. 水生木，木是不斷生滅的物質，木依賴資養生長，水是木之助緣，木像徵萬物重生之春季。

2. 木生火，火以木作為燃料而散發熱力與光明，木是火之助緣，火像徵炎熱之夏季。

3. 火生土，火燒盡木或其他東西均變成灰燼塵土，或火山爆發熔岩流過的土地變得肥沃。火是土之助緣，土同時含有火，水和金。土不受任何季節所限，任何時間都作為一種載體存在。

4. 土生金，金在土深處長時間受壓受熱受侵蝕而形成金屬礦物，土是金的載體，金像徵炎夏之後萬物成熟之秋季。金是需要從土中挖掘才會顯現的物質。

5. 金生水，萬物成熟之後便會凋零，枯木不須依賴水生長，過多的水便滲透到泥土下岩層（含金屬礦物）中形成地下水，金是水之載體，水像徵寒冷之冬季，是萬物消亡及休養生息之時。

6. 水尅火，水能熄滅和限制火的擴散。

7. 火尅金，金原來堅硬卻能被火溶解，金需要火冶煉才能成為利器。

8. 金尅木，木成熟後被金製造之利器收割，木需要利器切割雕刻才能成為棟樑。

9. 木尅土，木生長時翻動泥土，土中水和養分被過多的木吸收變得不再肥沃濕潤。

10. 土尅水，水被土限制流動和改變形狀，如以土建築堤壩儲水和泄洪。

辯證生尅

五行生尅涉及「度」的問題，就成為相生相尅之辯證法。

五行相剋：金尅木，木尅土，土尅水，水尅火，火尅金，是互相制約而又互相促進。五行相尅，各有太過與不及，故說「五行無常勝」，五行相尅是否相勝，涉及度的問題。

譬如：

金能尅木，木堅金缺；
木能尅土，土重木折；
土能尅水，水多土流；
水能尅火，火炎水灼；
火能尅金，金多火熄。

又如：

金衰遇火，必見銷熔；
火弱逢水，必為熄滅；
水弱逢土，必為淤塞；
土衰逢木，必遭傾陷；
木弱逢金，必為斫折。

五行相生：金生水，水生木，木生火，火生土，
土生金，具有相關的資生、助長、促進或興奮
的關係。

然而，不論生尅泄耗，在適度的範圍內都為
吉，在過度的時候都為凶。

譬如：

金賴土生，土多金埋；
土賴火生，火多土焦；
火賴木生，木多火熾；
木賴水生，水多木漂；
水賴金生，金多水濁。

又如：

金能生水，水多金沉；
水能生木，木多水縮；
木能生火，火多木焚；
火能生土，土多火晦；
土能生金，金多土弱。

總結

古德云:「造化之機不可無生,亦不可無制,無生而發育無由,無制則亢而為害。」故知相生相剋像陰陽一樣,是事物不可分割的兩個方面。沒有生就沒有事物的發生和成長,沒有剋就不能維持事物的發展和變化中的平衡與協調。

「五行無常勝」,五行相剋是否相勝,涉及度的問題;同樣地,五行相生剋泄耗,在適度的範圍內都為吉,在過度的時候都為凶。能掌握生剋辯證之「度」,方可以入道!

第四篇：十神十力、十二地支

十神

「日主」與其它各干支的五行生尅制化之「尅我者、我尅者、我生者、生我者、同我者」五種基本型態，當中可歸納為兩組：「異性相吸、陰陽有情」、「同性相斥、陰陽無情」。

「異性相吸、陰陽有情」之「尅我者、我尅者、我生者、生我者、同我者」分別為：

尅我者：*正官*

我尅者：*正財*

我生者：*傷官*（「陰陽有情」組之其中之一偏星）

生我者：*正印*

同我者：*劫財*（「陰陽有情」組之其中之一偏星）

「同性相斥、陰陽無情」之「尅我者、我尅者、我生者、生我者、同我者」分別為：

尅我者：*七殺（偏官）*
我尅者：*偏財*
我生者：*食神*（「陰陽無情」組之其中之一正星）

生我者：*偏印（梟印）*
同我者：*比肩*（「陰陽無情」組之其中之一正星）

傳統十神論「富貴名權朋」

傳統的八字論命，十神是代表：

（一）富：（正財、偏財）
（二）貴：（正官、七殺）
（三）名：（食神、傷官）
（四）權：（正印、偏印）
（五）朋：（比肩、劫財）

並不是説八字命局中有正財或偏財，當中仍需
注意五行生尅涉及「度」的問題。例如：

（一）正財太過，為口奔波；偏才太過，富屋貧
　　　人。都不主富。

（二）正官太過，膽小怕事，主賤；七殺過盛，
　　　多災。都不主貴。

（三）正印太過，多孤；梟印太過，無德無才。
　　　都不主權。

（四）食神太過，思想過累，勞而無功；傷官太
　　　過，不切實際，口舌招尤。都不主名。

（五）比肩太過，常處同輩激烈競爭中；劫財過
　　　旺，豬朋狗友一籮籮。都非良朋。

阿闍梨級之「十神十力－能力論命」

1.　「同我」：群體關係型態
　　　比肩：合作競爭力（無情）【Coopetition】
　　　劫財：推心致腹力（有情）【Sharing】

2.　「我生」：適應環境型態
　　　食神：理性創造力（無情）【Rationality】
　　　傷官：感性創新力（有情）【Creativity】

3.　「我尅」：支配照顧型態
　　　正財：照顧力（有情）【Care】
　　　偏財：享受力（無情）【Joy】

4.　「尅我」：競爭刻苦型態
　　　正官：保守刻苦力（有情）【Assertiveness】
　　　七殺：戰鬥突破力（無情）【Aggressiveness】

5.　「生我」：學習進步型態
　　　正印：專學力（有情）【Dedication】
　　　偏印：博學力（無情）【80/20 rule efficiency】

十二地支

地支，可分三組：

「四正」：子午卯酉，又名「四桃花」、「四將星」。

「四庫」：辰戌丑未，又名「四墓」、「四華蓋」。
辰是水庫，戌是火庫，丑是金庫，未是木庫。

「四長生」就是：寅申巳亥，又名「四驛馬」。

傳統之「地支藏干歌訣」，只供大家參考，可以
不背。

「子」宮癸水在其中，
「丑」癸辛金己土同，
「寅」中甲木兼丙戊，
「卯」宮乙木獨相逢，
「辰」藏乙戊三分癸，
「巳」內庚金丙戊從，
「午」宮丁火並己土，
「未」宮乙木與己丁，
「申」位庚金壬水戊，
「酉」宮辛金獨豐隆，
「戌」宮辛金及丁戊，
「亥」藏壬甲是真宗。

只需記得有以下由地支組成的局勢，自然知道各地支分別支藏的是什麼天干。

地支三合局：

申子辰：三合水局（故申、子、辰，都支藏水天干；並都可視為八字中天干壬、癸之根）。

巳酉丑：三合金局（故巳、酉、丑，都支藏金天干；並都可視為八字中天干庚、辛之根）。

寅午戌：三合火局（故寅、午、戌，都支藏火天干；並都可視為八字中天干丙、丁、戊、己之根）。

亥卯未：三合木局（故亥、卯、未，都支藏木天干；並都可視為八字中天干甲、乙之根）。

地支三會：

亥子丑：三會北方水局（丑為水之餘氣，故支藏天干癸水）。

寅卯辰：三會東方木局（辰為木之餘氣，故支藏天干乙木）。

巳午未：會南方火局（未為火之餘氣，故支藏天干丁火）

申酉戌：會西方金局（戌為金之餘氣，故支藏天干辛金）。

地支六合（都不化，以羈絆視之）：

子丑 寅亥 卯戌 辰酉 巳申 午未

地支相沖：

子午 丑未 寅申 卯酉 辰戌 巳亥

（阿闍梨級八字十式論命，謹記不論是天干五合，抑或是地支三合、六合，一律不化。「化」之真訣，根本上就是就是決定某天干的「從」，是某天干因自身五行超衰弱時，一個「物極必反」之五行質變現象。）

《滴天髓》說干支
《滴天髓》相關於干支之描述如下，大家試試說：

> 五陽皆陽丙為最，五陰皆陰癸為至。
> 陽干從氣不從勢，陰干從勢無情義。
>
> 陽干動且強，速達顯災祥；
> 陰支靜且專，否泰每經年。

生（四長生）方怕動庫（四庫）宜開，
敗地（四桃花）逢沖仔細推。

支神只以沖為重，刑與穿兮動不動。

暗沖暗合尤為喜，彼沖我兮皆衝起。

旺者沖衰衰者拔，衰神沖旺旺神發。

陰陽順逆之説，《洛書》流行之用，
其理信之有也，其法不可執一。

練習題

一、 大家試試，就自己理解，説明以上《滴天
髓》各口訣的意思及於批命中的功用。

二、 八字論命，其中一個最重要的口訣，就是
「天干看合（天下五合），地支看沖（地支
看沖）」。大家請試從以上《滴天髓》口訣，
找出其根據來。

第五篇：《滴天髓》干支口訣、觀五氣

一、天干口訣

干支總論：

陰陽順逆，其理固殊。
陽生陰死，其論勿執。

《滴天髓》云：「陰陽順逆之說，《洛書》流行之用，其理信之有也，其法不可執一。凡此皆詳其干支輕重之機，母子相依之勢，陰陽消息之理，而論吉凶可也。」

以上一段，在於說明命理中有所謂「物極必反」之「易（逆）理」。如：命造中一個完全無力無氣的五行（完全「無根」、「無朋黨」、「不得令」），能透過「從」命造中其餘的五行，而可以使該命造變成一個極佳之存在狀態。

天干「從」論

五陽皆陽丙為最，五陰皆陰癸為至。

陽干從氣不從勢，陰干從勢無情義。

命理中的「物極必反」，是十天干中的陽干難從，其所從之五行中（可以從多於一個五行）必須要有能夠通根透頂者（氣勢具足，且以得月令之氣為最佳）。

陰干較易從，只需命造中某五行勢力大，那怕該五行未得月令之氣，陰干也能從。

十天干中，丙火最難從（根據吾多年經驗，其次是壬水也不易從），癸水最易從（其次是丁火也易從）。

傳統命理，有「天干五合化乜化物」、「遇龍即化」諸如此類之訣，又有「地支三合化乜乜物物」等訣。這些「化」訣，一律都應取消，都必須回歸到「天干從論」的第一大原則—只需看命造中各各天干所屬五行之能「從」否，便足夠了。

干支「戰、合」論

> 陽干動且強，速達顯災祥；
> 陰支靜且專，否泰每經年。

天干之於命造中，代表已可見之事像，故都歸「陽」。

地支之於命造中，重要的是其支藏著之五行作為命造中各天干之根，就如植物之根，故都歸類為「陰」。如：未上天干之支藏五行，代表束勢待發，其五行所代表之事仍未可見，故歸類為「陰」是最自然不過的了。

「天干看合」，天干之「動」，唯看「天干五合」。天干之動，其效應之鉅，其應期之急，都是不可思議的，故說「陽干動且強，速達顯災祥」。

「地支看冲」，是地支之「動」，唯看「地支六冲」，什麼「刑」、「害」之說，其實還要看有沒有「動」的因素在內，以決定對命局之影響（說破了，仍要看有沒有六冲）。地支之動，其「應期」除了極速極急外，其延伸之後違症之久久不去，更是可怕。可見六冲對命局能產生起鉅大變化，故都一定不可小看。其後果禍福之久長，是不可思議的，故說「陰支靜且專，否泰每經年」。

「天干看合、地支看冲」，是批命的訣中訣，心法中的心法，大家要特別留神啊！

天戰猶自可，地戰急如火。
合有宜不宜，合多不為奇。

這裡所指的「天戰」，即是天干之相尅，如庚辛尅甲乙、丙丁尅庚辛等。天戰，並非啟動人生劇變之充分條件，故《滴天髓》「説天戰猶自可」。因為只要地支仍然順靜便沒有問題了。地戰，則是指上文所指的「地支看冲」，是「地戰急如火」的。

「合有宜不宜，合多不為奇」者，古代論命，遇合便取吉，這是謬論。尤其是，在「天干五合」中，若非合住「日主」，則所合之兩個天干，不論其為先天命局之合，抑或是由「大運」或「流年」的天干所引起之合，都一律視為「被羈絆而盡失其用」來論。

支神只以沖為重，
刑與穿兮動不動。

生方怕動庫宜開，
敗地逢沖仔細推。

「支神只以沖為重，刑與穿(害)兮動不動」，是
上一段所說的：「地支看沖」，是地支之「動」，
唯看「地支六合」，什麼「刑」、「害」之說，其
實還要看有沒有「動」的因素在內，以決定對命
局之影響，所以重點仍是看六沖。

「生(四長生)方怕動，庫(四庫)宜開，敗地(四
桃花)逢沖仔細推」者，寅申巳亥，其支藏天
干均為陽干，名四長生，又稱驛馬，本身帶動
像。古代命術乃帝王鉗制之術，都不希望民眾
多動多變，動搖政權，故才有「生(四長生)方
怕動」之說。其實，動，也可以是吉象的，尤
其在亂世。

至於辰戌丑未，分別是水火金木的庫藏。這裡
的「開庫」，指辰戌丑未「土之相沖」，這其對
水火金水之影響較間接，故所謂「庫宜開」其實
亦有宜有不宜的，故都不可一概而論。

又至於子午卯酉，四正方，又稱挑花地、敗地。之所以稱為敗地，乃因其五行支藏氣力純粹，故「敗地逢冲」所產生的水火(土)金木「五行力量」之強弱變化最為鉅大，故一定要仔細分析和裁斷其影響。

<blockquote>
暗沖暗合尤為喜，
彼沖我兮皆衝起。
</blockquote>

暗合，是指暗三合，能使暗三合所拱托之五行之力大大提升(而天干五行之力，又直接影響八字命局格調之高低)，故説「尤為喜」。

至於，能破壞「命局中本來存在著之暗三合局」者，是名暗沖。由於其對相應之天干五行之力，影響尤其鉅大，故不可不察。

「彼沖我兮皆衝起」，是説「冲不是尅」，不可混為一談。五行雖然水尅火，但如子午冲，是水火兩個五行是同等地被削弱。

<blockquote>
旺者沖衰衰者拔，
衰神沖旺旺神發。
</blockquote>

這是相冲中，極衰五行之地支冲極旺者，和極旺五行之地走冲極衰者，極衰者都必敗甚至被連根拔起之大敗。

二、觀五氣：「五氣偏全定吉凶」

批斷八字，必須：

1) 先看在先天命局中每一個五行它們各各
   獨自在四柱的分佈情況（偏看），然後再
   把五行合一來作「一體同觀」（全看）。要
   能做到如莊子所說的「目無全牛」之妙境，
   這樣便能準確論斷其人命造格調之高低。

2) 到了批斷大運流年時，則必須先看命局
   中每一個五行在大運流年的進升或退降、
   或抑或揚（偏看），繼而再把由「大運流年」
   所引發之五行變化合起來作「一體同觀」
   （全看），以論斷其人一生一切際遇的吉凶。

唯有能夠以上這樣的「五氣偏看」和「五氣偏
看」，才能以啟動「五氣偏全定吉凶」之知命和
創造命運境界。

總結

八字論命中，最關重要的口訣，必定就是「五氣偏全定吉凶」了。唯有能夠徹底掌握了「五氣偏全定吉凶」，才有望能究竟掌握阿闍梨級別之「八字十式」，並且一步步登上命學之「至高境界」。

另外，八字論命中的一個十分重要的口訣，就是「天干看合（天干五合），地支看冲（地支六冲）」。這可以從以上《滴天髓》口訣，找出其根據來。《滴天髓》云「陽干動且強，速達顯災祥」是在說「天干看合」；《滴天髓》云「陰支靜且專，否泰每經年」是在說「地支看冲」；《滴天髓》又云「支神只以冲為重」，也說明「地支看冲」。

練習

1)   大家試用今天現在時辰的八字，領略和掌握五氣「偏看」和「全看」的玄機妙用。

     阿闍梨級八字十式之基礎，是「五氣偏看」。

「五氣偏看」者，五行各自表述：原理是分析每個五行各自在先天命局中之「形（分佈情形）、氣（顯的五行，五行已上天干）、勢（隱的五行，只支藏在地支蓄勢待發）」。

一、　形：是將命局中天干某一個五行、及「其五行之（完整或部分）三合局根」出現在命局中之地支、及「其五行之主氣根」、及「其餘氣根」，一拼保留而取消其他干支後的一個干支分佈情形。

二、　氣：從以上的形，分析某一個已顯的五行（已上天干的五行）得根的情況，以決定其「氣」之力量。當中最強是「得主氣根（若出現於月令者又稱得令，為最強根）」及「三合局根」，較弱則為「餘氣根」。

三、　勢：從以上的形，分析某一個仍在隱的五行（未上天干的五行）蓄勢待發的情況，以決定其「勢」之力量。當中最強勢是「主氣根」及「三合局根」未上天干者。只存在為餘氣支藏而未上天干者則最為勢弱，甚至極有機會成為「凶物深藏」之五行。

分別將每個五行在命局中的「形、氣、勢」分析清楚後，便可以嘗試把八字還原，來作一個「五氣全看」。所謂「五氣全看」者，就是能夠透視各個五行在八字中「氣」和「勢」強弱之比較，及其中五行在命局中互相融入或對立的分佈情形。

2) 大家試列舉一個包含有「暗合」以及大運或流年將會遇上「暗冲」的八字，並指出八字當中各個五行之度（強弱）的獨立變化（偏看）及命局五行整體變化（全看）之情況。

這一題，除了要做到「五氣偏看」、「五氣全看」的分析外，所舉八字中，必需包含一個「暗三合」結構，及大運流年產生「四長生」之冲而其實直接影響到該「暗三合」之主氣（是名暗冲）的情況。

第六篇：再話「觀五氣」、「八字十式」第一式「一分為二」

再話「觀五氣」

阿闍梨級八字十式之基礎，是「五氣偏看」。

「五氣偏看」者，五行各自表述：原理是分析每個五行各自在先天命局中之「形（分佈情形）、氣（顯的五行，五行已上天干）、勢（隱的五行，只支藏在地支蓄勢待發）」。

一、 形：是將命局中天干某一個五行、及「其五行之（完整或部分）三合局根」出現在命局中之地支、及「其五行之主氣根」、及「其餘氣根」，一拼保留而取消其他干支後的一個干支分佈情形。

二、 氣：從以上的形，分析某一個已顯的五行（已上天干的五行）得根的情況，以決定其「氣」之力量。當中最強是「得主氣根（若出現於月令者又稱得令，為最強根）」及「三合局根」，較弱則為「餘氣根」。

三、 勢：從以上的形，分析某一個仍在隱的五行（未上天干的五行）蓄勢待發的情況，以決定其「勢」之力量。當中最強勢是「主

氣根」及「三合局根」未上天干者。只存在
為餘氣支藏而未上天干者則最為勢弱,
甚至極有機會成為「凶物深藏」之五行。

分別將每個五行在命局中的「形、氣、勢」分析
清楚後,便可以嘗試把八字還原,來作一個「五
氣全看」。所謂「五氣全看」者,就是能夠透視
各個五行在八字中「氣」和「勢」強弱之比較,
及其中五行在命局中互相融入或對立的分佈情
形。

「五氣偏全」與「暗冲暗合」

批八字,除了要做到「五氣偏看」、「五氣全看」
的分析外,所批八字中,必需檢查有否包含「暗
三合」結構,以及大運流年產生「四長生」之冲
而其實直接影響到該「暗三合」之主氣(是名暗
冲)力度變化的情況。

一個包含有「暗三合」以及大運或流年將會遇
上「暗冲」的八字,其實八字當中各個五行之度
(強弱)的獨立變化(偏看)及命局五行整體變
化(全看)之情況,都得一一仔細推敲。

「八字十式」第一式「一分為二」

第一式：一分為二、化繁為簡（看八字平衡）

一陰一陽，合二為一，即是道。八字不管原局五行生剋制化如何複雜，都可一分為二，化繁為簡。

以「體用」分：「體」是我自己及我能使用的工具，例如日主、正偏印、比肩劫財等都是體；「用」是我的功用、我的追求，即是我要努力的方向、我將得到的東西，例如正偏財、正官七殺、食神傷官等都是用。

以「寒熱燥濕」分：火由木生，火中有木；水由金生，水中有金。「以水火分」主要用於「子、丑」月令之水冷金寒特殊情況，以及用於「午」月令之火熱木焚特殊情況，故是以「以寒熱分」，因金水為寒，木火為煖；及「以燥濕分」，因水有金生遇寒土而愈濕，火有木生遇暖土而愈燥。

以「從弱」分：「從弱」之天干，是無根無氣之虛浮天干，易理說「物極必反」，故該天干能夠一直保持此狀態，反而平穩大吉，這就是「從弱」（因「弱」而「從」）。大運若遇上該「從弱」之天干進氣了（大運出現該五行之主氣地支），原本從弱之天干，由「從」轉「不從」，又或相反由「不從」轉「從」，人生自有一百八十度之大變動。

以「從強」分：從強、從弱，是八字中的兩個極端之非常狀況，批命要能看得出來。「從強」之天干，是八字中全無「用（功用）」，「體」旺之極，故不可抑制、不可洩。這種「物極必反」，就是「從強」（因體「強」而「從」）。

從旺、從弱，在一分為二後，都是命局越繼續走極端越好。如鄧小平是「甲辰、壬申、戊子、甲寅」，是戊土從弱命造，一分為二後可見到水木金越強，相對他本人的戊土其實越弱，反而就是好。又如周恩來「戊戌、甲寅、丁卯、丙午」，是火木土從旺命造，一分為二後木火和其功用神土都一起放一邊，另一邊自然就是凶物深藏的辛金了。從旺從弱都是物極必反的，自然大運流年中木火土越強，周恩來運道就越強，反為金水強時是為不好的。

至於以下兩個命造，則以「體用」來一分為二，
即可以，大家不妨試試：

毛澤東：癸巳、甲子、丁酉、癸卯

習近平：癸巳、戊午、丁酉、癸卯

練習
一、「一分為二」習作
毛澤東：
癸巳、甲子、丁酉、癸卯
以體用分：【丁、巳、卯、甲】對【巳、酉、
癸、子】

鄧小平：
甲辰、壬申、戊子、甲寅
以從弱分：【戊、寅】對【甲、寅、辰、子、
申、壬】

習近平：
癸巳、戊午、丁酉、癸卯
以體用分：【丁、午、巳、卯】對【戊、癸、
酉】

二、 歷史個案練習：

乾隆：

辛卯、丁酉、庚午、丙子。

（乾隆皇帝12歲第一次見到康熙，其八字令康熙大為震驚，亦改寫了清朝及中國歷史。）

以體用分：【庚、酉、辛】對【丙、丁、午、卯、子】

李鴻章：

癸未、甲寅、乙亥、己卯

（忠臣？賣國大貪官？）

以從強分：【乙、甲、癸、寅、亥、卯、未】對【己】（己土本身，則是從弱。大運地支行巳、午及戌的時候，己土不從，也是成為賣國大貪官之根源。）

中國：

己丑、癸酉、甲子、辛未

（由此八字可見毛澤東確實是精通五行及奇門之術。）

以體用分：【甲、未、癸、子】、【己、酉、丑、辛】

　＊　　香港特區＊
　　　丁丑、丙午、甲辰、甲子
　　　（己丑年之亂因何而起？我們將來也
　　　一一分析拆解。）
　　　以體用分：【甲、子、辰】對【丙、
　　　午、丁、丑】

三、　試用自己和家人之八字命造來做練習。

　　　萬變不離其中，一個八字命造之「一分為
　　二，二合為一」不外乎是以「體用」分、以
　　「寒熱燥濕」分、以「從弱」分、和以「從強」
　　分四種。決定了自己的命造是需要用那
　　一種分法，便已輕鬆學會這「八字十式」
　　之第一式「一分為二」了。

第七篇：「八字十式」之第二式 「干支氣勢」、第三式「浮沉升降」

第二式干支氣勢：知其力、用其勢（看八字等級）

八字需看其「氣勢規模」，知其力、用其勢，藉以看八字等級。

既已懂得了從八字原局，透過「五行偏看」與「五行全看」，不管如何複雜，均能夠透過簡單「一分為二、二合為一」，觀察其平衡之度，現在來說如何去看八字等級。

八字原局，除了能看出平衡之度，更能依各個干支「氣、勢」，對八字整體的五行氣勢規模一目了然，藉以做到「知其力、用其勢」。

「知其力」：從一個已上天干的五行「得根」的情況，以決定其「得氣」之力量。該天干五行之得氣力量極強者包括：

（一）得該五行「月令主氣根」；

（二）得其「三合局根」全；

（三）得其「主氣根」於同柱地支；

（四）得其「暗三合局」全者。

該天干五行得氣力量為中度強者包括，

（一）得其「三合局根」但不全者。

該天干五行得氣力量為弱者包括：

（一）只得其「餘氣根」。

該天干五行未得氣者力量為最弱：

（一）無根

「用其勢」：從一個仍未上天干的支藏五行（便縱月令、或三合局根，若其相應主氣五行仍未上天干，亦在此列），就是一種畜勢待發的情況，因為八字以天干為已顯現之事物，地支則為隱而未顯之潛能。但凡八字有未上天干的支藏五行畜勢待發的情況，則需決定其「勢」之力量。

「勢」之力量極強者包括：

（一）「月令主氣根」其主氣未上天干者，

（二）「三合局根」全但其主氣未上天干者，

（三）「主氣根」但其氣未上天干者，

「勢」之力量中度強者包括：

（一）「三合局根」不全且其主氣未上天干者，

「勢」之力量為弱者包括：

（一）「餘氣根」且其氣未上天干者。

大家需特別留意，只存在「支藏之天干」而未上到天干者則最為最弱之勢，甚至極有機會成為「凶物深藏」之五行，其於大運或流年一旦出現其天干，由於其相對於其他的五行，是一極弱的出現，故易受攻剋。

但凡八字某五行有畜勢待發的情況，則必須看大運何時其能升上天干，八字方可「用其力」，以成就該五行在一個八字中相應的十神所像徵事物之顯現和發生。

「干支氣勢」看八字等級

觀察各干支之五行氣力及畜勢待發之力度的強弱，因干支一體，故先看各柱之「同柱干支」是否同一主氣，若是，則該五行已是得氣極強。

繼而依上述並觀察各天干其是否得「月令主氣根」、「三合局根」、「主氣根」等情形，即可知「日、時、月、年」各天干五行氣力強弱情形。

地支支藏之五行未透干者，一如前說，該五行就有畜勢待發的情況，則必須看大運何時其能升上天干，八字方可「用其力」以成就該五行在一個八字中相應的十神所像徵事物之顯現和發生。

依以上推斷，即可知各五行氣勢強弱情形，配合「一分為二」訣，可知八字中「體、用」兩邊之五行氣勢強弱是否匹敵相稱。

若八字中「體、用」兩邊之五行氣勢皆強且相稱，自是一級命造。

若八字中「體、用」兩邊之五行氣勢強弱不相稱，但大運能助其平衡相稱，是二級命造。

若八字中「體、用」兩邊之五行氣勢強弱懸殊且大運未能使之相稱、又或八字中「體、用」兩邊之五行氣勢皆極弱，此乃柔弱偏枯，小人物之象，只能是三級命造。

第三式浮沉升降：大運作用（五行升降看八字之突變作用）

在八字命理學中，以命局論根基，以歲運論起伏波動。八字逢歲運入命，即有該歲運干支五行之「精神魂魄意」心性屬性、

歲運干支五行之十神「富貴名權朋」影響、以及歲運干支五行之「十神十力（能力論命）」之能力進退，引發原來八字命局一生的各種變化。

歲運入命，令八字命理展現出波動性，從而影響人生軌跡。其波動決定於歲運干支對原來八字命局中各個干支發揮之「浮沉升降」作用之力度。

「升降」：

　　八字中某天干原無根，若逢相應之歲運
　　地支而得根，是名「下降」，該天干即可
　　免漂浮。

　　八字中某地支五行原未透上天干（畜勢待
　　發），若逢相應之歲運天干而得透干，是
　　名「上升」，該地支五行隱伏之氣勢即可
　　轉化成相關的顯現之力動。

「浮沉」：

　　把八字中原來的四個天干放在水平線上，
　　再把歲運干支與原來八字之生尅制化等
　　現象之結果，代入此天干之圖表，以看出
　　四個天干各自力氣之浮（提升）沉（降低），
　　便可得出八字中四個天干之波動圖了。

歲（流年）與運（大運）之基礎補充

（一）歲（流年）與運（大運）之間，以運為君，
歲為臣，君可制臣，臣不可制君。故大運
倘行至吉鄉，流年卻與之相悖，不為大
害；但大運倘行至凶禍之鄉，流年便縱主
吉，仍恐樂極生悲，終必主發禍。

（二）日干乃至八字中各個干支之喜忌，並非
固定不變，有命中為忌而逢歲運反忌為
喜者，亦有命中為喜而逢歲運反喜為忌
者。說破了，亦不離「干支氣勢」之分析，
所謂萬變不離其中。

練習

請為國家和香港特區定格調高低：

中國：

　　坤造：己丑、癸酉、甲子、辛未

　　大運（2歲入運）
　　(1951-1961)甲戌
　　(1961-1971)乙亥
　　(1971-1981)丙子
　　(1981-1991)丁丑
　　(1991-2001)戊寅
　　(2001-2011)己卯
　　(2011-2021)庚辰

(2021-2031)辛巳
(2031-2041)壬午
(2041-2051)癸未

香港特區：

坤造：丁丑、丙午、甲辰、甲子

大運（2歲入運）
(1999-2009)丁未
(2009-2019)戊申
(2019-2029)己酉
(2029-2039)庚戌
(2039-2049)辛亥
(2034-2059)壬子

第八篇：「八字十式」之第四式
「我與非我」、第五式「十神十力」

第四式我與非我、距離遠近（看八字環境）

學習八字，必須建立一個正確觀念，即：日干為「我」，稱為「日主」或「日元」；其餘三干四支為「非我」，是我要面對和與其互動的。我有我之浮沉升降及順悖吉凶，非我亦有非我之浮沉升降及順悖吉凶，所以從八字角度來看，所謂之人生順逆，就是人生於某範疇之極順境中，其它範疇可以是正處逆境的。例如：官運亨通中，不一定同時也是愛情成就之時。

故八字論喜忌，須詳而細微，分別事業／學業、父母、六親、情緣、婚姻、財富、名、地位、聰明智慧、出身環境、凶災、官非等，切忌含混，只籠統地説好説壞。

日干為我，我之生存力高低，將決定我能夠承受或適應環境（其餘三干四支）的力量之強弱。大運流年是外來的，對我的八字會產生各五行「浮沉升降」及「合冲刑尅」的影響。

每逢大運流年進入八字之五行十神，便縱為日干「我」所能承受者，未必一定為其餘三干四支「非我」所能承受；為「我」所不能承受和不利其功用神發揮者，未必為「非我」所不能承受和不利其功用之發揮；為「非我」所不能承受和不利其功用神發揮者，未必為「我」所不能承受和不利其功用之發揮。這一點，在阿闍梨級之「借盤論命：批斷六親之吉凶禍福」一訣，是十分重要。

故知，所謂行美運，未必福祿壽三全；行惡運，未必妻財子祿皆傷。所謂好年也有凶災，惡運也可進財；即使進財，也得看財星在其麼位置，如在主位（如合日干），就是我的財，如在賓位，就是別人的財了。

八字干支之生剋作用大小，跟距離成反比。例如，八字以日干為我，首先要考慮的即是日支、月干及時干。唯有將日支、月干及時干對日干的作用了解清楚，才能有效地推論我之生存力高低，以及我能夠享受或適應環境力之強弱。相反，年柱天干，由於被月柱天干阻隔而不能直接跟日主發生關係，故反而象徵該十神所象徵事物及力量未能發展或不能被發揮。

以上「我與非我」各重點，對於能否成為阿闍梨級之論命，尤其重要。

第五式十神十力、能力論命（看八字能力）

基本上，「日主」與其它各干支的五行生尅制化之五種基本型態。當中「異性相吸、陰陽有情」、「同性相斥、陰陽無情」。陰陽有情則易「樂在其中」，陰陽無情則易「情義兩忘」。由五行生尅配陰陽，即產生十神，而阿闍梨級之看「十神」，其訣竅為「十神十力－能力論命」。

1. 「同我」：群體關係型態
    ♣比肩：合作競爭力（無情）【Coopetition】
    ♣劫財：推心致腹力（有情）【Sharing】

2. 「我生」：適應環境型態
    ♣食神：理性創造力（無情）【Rationality】
    ♣傷官：感性創新力、突破力（有情）【Creativity、Breakthrough】

3. 「我尅」：支配照顧型態
　♣正財：照顧力、掌控力（有情）【Care、Control】
　♣偏財：享受力、投資力（無情）【Joy、Businessmind】

4. 「尅我」：競爭刻苦型態
　♣正官：保守刻苦力（有情）【Assertiveness】
　♣七殺：戰鬥突破力（無情）【Aggressiveness】

5. 「生我」：學習進步型態
　♣正印：專學力（有情）【Dedication】
　♣偏印：博學力、雜學力（無情）【80/20 rule efficiency】

傳統命理，都高度正面評價五個正星（比肩、正印、正官、食神、正財）並負面評論五個偏星（劫財、偏印、七殺、傷官、偏財），這其實是對王權的一種保護：高舉依循、保守、忍讓、謙和，打壓能突破、改革、抗爭、驍勇者。甚至，當有偏星出現在女性的命局，就更加批判為爛命，盡其抹黑之能事，這亦是傳統中國思想對女性的一種無理之壓制。今天，既然是民主年代，又是急劇的智識型、經濟型社會，更是追求創新與創意的「新世界大時代」，偏星的力量於現代人能否生存得好乃至人生達到成功，其實反而是更加重要！

「借盤論命」是八字十式靈活運用

「借盤論命」，又稱借盤論六親法，是八字命理論六親的主要秘訣，更是把八字十式靈活運用才能發揮極致的一種奇妙命術。

所謂「盤」就是八字命盤；即八字命局。當不知
道生辰時，可借用親蜜的六親（如夫妻或子女）
的命盤，轉換日主後，替代使用。這就是借盤
論命法。例如：當我們借丈夫的命盤來推論他
的妻子的命運時，要經過一個轉換步驟。首先
將丈夫原來的正財變為太太的日主，丈夫原來
的日主變為太太的官星，其它的六神則以太太
的日主為中心，依序改變成為一個新的命盤，
以作推論。

借盤論命法的使用，要留意以下數點：

一、 通常八字中的日干為日主，代表自我。但
　　 借盤後新命盤的日主則沒有固定位置。

二、 借盤人的日主在新命盤中若有多個選擇
　　 時，天干優於地支。天干之中，若借盤人
　　 為父或母，年干優於月干及時干；若借盤
　　 人為夫或妻，則月干優於時干及年干；若
　　 借盤人為子女，則時干優於月干及年干。

三、 借盤人的新大運和原盤相同，不必另排
　　 大運。

四、 借盤人的新命盤的月令與原命盤相同，
　　 得令或失令的五行亦相同。

五、 借盤人的新命盤不用論宮位及各柱的歲限。

六、 原盤之中若沒有該六親的十神，則該六
　　　親的命局不能勉強使用借盤論命法去推論。

只需謹記「借盤論命」無非是八字十式之靈活
運用，萬變不離其宗，只不過是在借盤論六親
時，暫不以日柱天干為主而已。

第九篇：「八字十式」之第六式 「生尅制化、用神玄機」

第六式生尅制化、用神玄機（看五行平衡原則）

「八字十式」的第六式「生尅制化、用神玄機」，八字非「五行生尅制化」不立，什麼體用、用神、格局更非「五行生尅制化」不靈。這「五行生尅制化」看似不簡單，但其實不管原局五行生尅制化如何複雜，總離不開「八字十式」列舉的平衡大原則。

一、 強者洩之（五行生克制化之一）

二、 母旺子衰（五行生克制化之二）

三、 子旺母衰（五行生克制化之三）

四、 相尅相成（五行生克制化之四）

五、 五行反尅（五行生克制化之五）

六、 弱者遇強者（五行生克制化之六）

七、 專旺／從旺（五行極端之一）

八、 從弱（五行極端之二）

九、 流通（五行流通）

強者洩之（五行生克制化之一）

1.　強者洩之：強金得水，方挫其鋒。強水得木，方洩其勢。強木得火，方化其頑。強火得土，方止其焰。強土得金，方制其害。

2.　強者洩之：有如為人母者，在黃金歲月時期，身強體壯，為子女付出，乃是順理成章之事。

母旺子衰（五行生克制化之二）

1.　母旺子衰，反生為尅：土賴火生，火多土焦。火賴木生，木多火熾。木賴水生，水多木漂。水賴金生，金多水濁。

2.　母旺子衰：在現今社會中，每一個家庭的子女數目很多不是一個，就只有兩個，因而每個子女皆很容易成為父母的心肝寶貝。父母在子女成長過程中，捨不得子女吃苦，形成過度保護子女，沒有機會讓子女去學習獨立自主的生活。子女自然而然地，就像溫室裏的花朵，禁不起挫折及打擊，愛反成了害。若能增多子女，此尅即解。

子旺母衰（五行生克制化之三）

1. 子旺母衰、洩多為尅：金能生水，水多金沉。水能生木，木盛水縮。木能生火，火多木焚。火能生土，土多火晦。土能生金，金多土變。

2. 子旺母衰：從前社會重視兒孫滿堂，母親剛生育後，身體處於衰弱狀態時，仍然要照顧膝下一大羣子女，這位母親身體的虛弱程度，可想而知。遇此情形，必須要抑其子，兼助其母。若助抑同來，流通生化，尅即解也。

相尅相成（五行生克制化之四）

1. 相尅相成：金旺得火，方成器皿。火旺得水，方成相濟。水旺得土方成池沼。土旺得木，方能疏通。木旺得金，方成棟樑。

2. 相尅相成：這是各相尅組合中，最完美的組合。「相尅相成」是相互影響、相互成就的意思。此種現象大至兩國處於敵對狀態下，不論在武器性能方面的研發或在數量方面的擴充，相互競賽、相互激勵，而達致相互成就對方。

五行反尅（五行生克制化之五）

1. 五行反尅：金能尅木，木堅金缺。木能尅土，土重木折。土能尅水，水多土流。水能尅火，火炎水熱。火能尅金，金多火熄。

2. 五行反尅：弱者主動去尅強者，因尅不動反而造成自己受傷，此種現象我們稱之為反尅。這種現象警誡我們：當我們若要去制衡他人時，需要探悉他人的實力，知己知彼，並聯羣結黨以增強自己本身的實力，方可達到制衡他人的目的。

弱者遇強者（五行生克制化之六）

1. 弱者遇強者之尅：金衰遇火，必見銷鎔。火弱逢水，必為熄滅。水弱逢土，必為淤塞。土衰遇木，必遭傾陷。木弱逢金，必為砍折。

2. 弱者遇強者之尅：是毀滅性之尅，是所有相尅中最不好的現象。在清朝末年，滿清政府國力衰弱，而世界其它國家正處於國力強盛的時期，不斷對外侵佔，擴展版圖。國力正處於衰弱的中國，自然而然地遭受列強侵害而成為受害者，此種相尅的現象，正是弱者遇強者之尅。惟有透過第三者的介入，把原本的強弱相尅轉化成輾轉相生。如火弱逢水，可透過木的介入，把原本的強水弱火相尅，轉化成水、

木、火輾轉相生。傳統命學稱此法為「通關」。

專旺／從旺（五行極端之一）

1. 專旺／從旺：旺之極者不可抑，不可洩。制之以盛，必大凶。便縱試順其流行，亦不為宜。

2. 若五行太過旺盛時，抑制它反而激發它，產生更大的害處，且更對其餘處於弱勢的五行產生強烈損害；甚至洩之，也為不利。其中的原理可以用上述「五行反尅」和「母旺子衰，反生為尅」的道理推說。

3. 如以「五行反尅」的道理推說：尅方衰弱，不僅不能尅制對方，相反尅方會受到損害。如一片旺火，在火上澆水，杯水車薪則無異是火上加油，不僅不能制火之勢，反激火之烈，水蒸發乾了，火勢卻越來越旺盛。

4. 如以「母旺子衰，反生為尅」之道理推說：金本可洩土，但土多金埋，便反生為尅。相同地，弱土難洩旺火（火多土焦），弱火難洩旺木（木多火熾），弱木難洩旺水（水多木漂），弱水亦難洩旺金（金多水濁）。

從弱（五行極端之二）

1.　從弱：衰之極者不可益，弱極則從其它旺勢，相得益彰。

2.　這就是說五行太過衰弱時，若勉強助它，反生為剋，必然產生相反效果，加重旺衰的對立，使衰者受到更大的損害。這是因為當五行太過衰弱時，便能有在太極中以柔制剛的強旺生機。其興衰每每決定於所依從的其它五行的旺衰。若勉強助其衰，必然相反加重了旺衰的對立，使衰者反而受到極大的損害。這好比中國古代女性，在社會上屬弱勢社羣，女性的旺衰，每每決定於丈夫運氣的好壞，丈夫的運氣旺衰好壞，必然就決定了妻子的旺衰。

流通（五行流通）

1. 「五行」流通的規則（或流通的路線）是：天干與地支，必須同處一柱，才能相生；異柱干支不能直接相生。天干與天干、地支與地支，須緊貼相生；干與緊貼的鄰干直接相生，支與緊貼的鄰支直接相生。這就是《滴天髓》所説「上下貴乎情協，左右貴乎同志」的道理。

2. 倘若「五行」在命局不能流通，也可藉着流年大運的五行「通關」，使其流通。

3. 批命和論運時，若八字中五行能流通，便必須注意《滴天髓》所説「何處起根源，流到何方住，機括此中求，知來亦知去」中所指的「流到何方住」這個尋龍點穴「穴位」了。

第十篇：「八字十式」之第七式 「陰陽五行、體質屬性」

第七式陰陽五行、體質屬性（看八字健康）

透過八字的五行陰陽，便能夠十分掌握體質屬性，以瞭解其人身體最脆弱部分，這是八字看健康之第一關鍵。

一、陰陽平衡：

依據八字的五行陰陽原理，能看出人生病的三組對立生理特性：虛實、寒熱、燥濕。「濕、寒、虛」屬陰，「燥、熱、實」屬陽。一切身心疾病的發生，都是因為陰陽失去平衡，太過或不及的變態所致，稱為「陰陽失調」。

看「濕燥」：八字過濕者（地支多丑、辰、子、亥、申），體質「濕」，身體較易浮腫；脾胃虛弱，運化失常，水濕內停，容易出現食欲不振、泄瀉、腹脹、小便少、面目四肢浮腫等情況。八字過燥者（地支多戌、午、巳、寅），體質「燥」，身體顯得乾枯、多皺紋；燥屬肺之故，咽乾舌燥，及較易大便秘結者。

看「寒熱」：八字過熱者（生於午月，而命局極多火或火之合局），體質「熱」，臉部顏色會很明顯偏於紅、黃色；經常口渴慾進飲，或冬季口渴也喜冷飲、面紅潮熱、煩燥、小便短赤、無汗或汗出後身體仍熾熱、舌苔黃糙等情況。反之，八字過寒者（生於子、丑月，而命局極多水或水之合局），體質「寒」，臉部顏色會很明顯偏於黑、白色；不易口渴、或假渴而不慾進飲、或夏裡口渴也喜飲熱湯、手足厥冷、小便清長、大便溏瀉、及較易腹瀉。舌苔白滑等情況。

看「虛實」：八字日主強旺者，體質「實」，較多感覺精神爽利，精力充沛；人體機能亢奮、體格健壯、抵抗力強。反之，八字日主身衰弱者，體質「虛」，較多感覺精神不振，精力不足；人體機能衰弱、抵抗力不足、盜汗。

二、體質屬性：

在一個人的八字命格中，日主代表著自
己。日主的五行屬性，同時也是自己的「體
質屬性」。掌握調養自己的體質屬性是健
康首要原則：

木行體質者，最要保肝護膽，平心靜氣；
易患內分泌系統疾病。養生要點：少生
氣，不熬夜。

火行體質者，最要通脈養血，益氣安神；
易患心腦血管系統疾病。養生要點：多運
動，常歡笑。

土行體質者，最要健脾和胃，調暢氣機；
最易患消化系統疾病。養生要點：注意飲
食，保證睡眠。

金行體質者，最要調理肺氣，潤腸排毒；
易患呼吸系統疾病。養生要點：防感冒，
通大便。

水行體質者，養腎固元，通利小便；易患
泌尿系統、女仕婦科疾病。養生要點：護
脊柱，不憋尿。

三、五行生尅，八字看病

「相生、相尅」追求平衡：

依據八字的五行相生、相尅原理，能看出若生重病是屬於甚麼臟腑。相生、相尅追求平衡。

如果發現八字某種五行出現「過亢狀態（相乘）」，大運流年若能讓該五行恢復平和則身體無恙；而日常維持身體健康的調理目標亦是放在讓該五行恢復平和。

如果發現八字某種五行處於「衰弱狀態（反侮）」，大運流年若能讓該五行能量上升到正常值則身體無恙；而日常維持身體健康的調理目標亦是放在設法激化讓該五行能量，使其上升到正常值。

「相生」關係之得宜，則：

金生水：肺金清肅下行助於腎水。通過肺氣的通調，可以使水分正常的排泄和吸收。

水生木：腎水之精氣養於肝木。腎的功能正常，精氣就充足，陰陽就會平衡，肝木就會不亢不燥。

木生火：肝木藏血營濟心火。肝臟血液充足能幫助心臟，加強人體內臟的血液及補充其不足。

火生土：心火陽氣溫於脾土。心臟的功能使血液循環良好時，人體保持良好的能量供應，能使脾健胃和。

土生金：脾土化生水谷精微以充實肺金。脾土消化後所產生的精微，首先被肺金所利用，讓肺金的氣化功能增強，而後輸送到全身。

「相尅」關係之得宜，則：

木尅土：肝木之條達能疏洩脾土。

土尅水：脾土之運化能控制腎水之泛濫。

水尅火：腎水之滋潤能平和心火狂燥。

金尅木：肺金之氣清肅下降能抑制肝膽上亢。

火尅金：心火之陽熱能制約肺金清肅太過。

「相乘、反侮」易造成疾病發生：

「相乘」現象：在五行互動中，某五行盛極而太過之勢，產生強者趁虛欺壓弱者，導致身體機能不平衡、不穩定的狀態。正常的相尅關係原本存在著一定的強弱平衡值，但若強者過強，比如：木氣過於亢盛，造成土過虛而木過亢，人體就會引發脾胃之病，治療關鍵要以「抑木扶土」之法。

「反侮」現象：在五行互動中，某五行原有的順尅秩序被破懷，應該被尅制的五行反制原本的尅主，這會使人體身心臟腑的協調性遭到更為嚴重的破壞，比如：木氣過亢而反侮了原來用來尅制木性的金，金氣因此相對顯得虛弱，這就會出現金虛木侮之病，此狀態必須使用補金疏木之法來調理。

八字某種五行出現「相乘、反侮」狀態之病理：

1. 病在肝、膽、筋絡：強金伐木、土重木折、水多木漂、火炎木焚、木重無泄。
2. 病在心、小腸、血壓：水多火熄、土多火晦、金多火衰、木多火塞、火多無泄。
3. 病在脾、胃、糖尿：木重土陷、水多土流、金多土虛、火多土焦、土旺無泄。
4. 病在肺、大腸、皮膚：強火熔金、木堅金缺、土多金埋、水多金沉、金旺無泄。
5. 病在腎、膀胱、骨骼、腦、下肢：土多水塞、金多水濁、火多水沸、木盛水縮、水旺無泄。

練習題

乾造：戊戌、甲寅、丁卯、丙午（總理周恩來）

乾造：癸未、甲寅、乙亥、己卯（李鴻章）

乾造：丙寅、己亥、辛卯、庚寅（孫中山先生）

坤造：癸卯、丙辰、庚子、庚辰（藍潔英）

第十一篇：「八字十式」之第八式
合冲尅刑、突變神機

第八式合冲尅刑、突變神機（看八字成敗）

「合冲尅刑、突變神機」，是八字「批流年」的重心。透過大運、流年對命局四柱之「合冲尅刑」所產生的五行氣勢的變化，以作出吉凶的分析判斷。

命局好比一輛汽車，不同的命局，就是不同類型不同性能的汽車。大運好比一段已預先編定的路程，不同的大運就是不同素質不同狀況的路程。流年好比風霜雨雪、燥濕寒暑等天氣變化。流月則是各種天氣變化的波浪曲線。道路本身的素質和狀況（大運），固然能影響汽車（命局）前進的快慢順阻，但天氣變化（流年、流月），則更直接地影響路面狀況（大運）和汽車（命局）前進的速度。

批流年時，必須首先將流年和大運的干支組合起來作比較分析其中的合冲刑現象，然後再加入命局，從流年和大運的干支，對命局五行氣勢的影響，作出分析判斷。

原命局干支五行，可以被想像為一靜態的平衡系統，如果是五行中和或流通、或功用神有效作功，皆屬於穩定的平衡系統，其它的則屬於不穩定的平衡系統。當原命局系統受到大運或流年的干支生尅及會合冲刑害時，便能生動乃至突變。

天干主外，主動，主表象；地支主內景，主靜，主根基。所以天干主事情的外象，是外露給別人看到的知道的事，如流年或大運天干為「財星合日主或比劫」，主進財並為別人所知，所以也容易被劫（所謂被劫是指因他人或他事而失去屬於自己的東西）。又例如，流年或大運天干為官星合日主，事業可望有升遷之象。

1. **「天干合化」是假訣，唯看「從」、「不從」**
   「天干看合，地支看冲」，是論命的不二法門。這口訣本身是正確的，但坊間的命理書卻包含諸多不依五行正理的「天干合化」假訣，如：「遇龍即化（地支之辰）」和「甲己合化土、乙庚合化金、丙辛合化水、丁壬合化木、戊癸合化火」等。

事實上，如果任何一個五行有足夠的自立能力，根本就不會放棄自己的五行屬性而順「從」別的某些五行。這是五行命理之「從弱」原則：「衰之極者不可益，弱極則從其它旺勢，相得益彰。」故所謂天干合化，無非只是看「從」、「不從」而已，根本無庸再論。

天干五合後若某五行能從，可作「從」論。天干五合後若不能從，則可作「羈絆」論。

2. 「天干合化」的吉凶原則
「天干五合」依五行正理來看。

合去喜神為凶為災，好事變壞事；而合去忌神則為喜為福，壞事變好事。

所以，「天干五合」後所得出的喜忌，是決定於命局中的需要，不能一概而論。該合而合者，才可以吉論；不當合而合者，不可以吉論。

例如：甲日主身旺，以辛金為官而干透丙火，合去喜神辛官，則此合為忌。

3. 「地支六合」的吉凶原則

地支六合（子丑、寅亥、卯戌、辰酉、巳
申、午未）都不化，故都以羈絆視之。

同樣的，合去喜神為凶為災，好事多磨；
而合去忌神則為喜為福，壞事變好事。

4. 「地支三合」的吉凶原則

地支三合，是申子辰三合水局、巳酉丑三
合金局、亥卯未三合木局。

三合局是聚合的意思，是指力量的連結
一起，令某天干五行力量突發躍升，引起
人生較大變化。形象上它一般代表合作，
如：事業上的合作、男女之間的結合，也
代表着融洽及和解。

5. 「地支六冲」的吉凶原則

地支相冲：子午、丑未、寅申、卯酉、辰戌、巳亥。

地支六冲，是指相關五行力量被冲散的意思，令某些天干五行力量突發強烈大波動，引起人生吉中藏凶或凶中藏吉之變化。形象上它代表心內矛盾對立爭戰，內容可包括一切事，例如：事業上的、男女之間感情事的、健康與疾病等。有諸於內，形諸於外，故六冲實在可直接帶動各種人生吉凶突變或變動，不可不察。

若能冲去忌神，是逢冲反成，主吉；命局中若是冲去喜用神，是冲之為忌，主凶。

6. 「刑」的吉凶原則

刑是指心恆不安定的意思。三刑有兩種，即是「寅巳申」與「丑未戌」三刑。其餘是「子卯」相刑；辰辰、午午、酉酉、亥亥自刑。

三刑只主心不安定，至於一個命局的吉凶，仍須取決於十神性格、五行的生剋制化得宜以及流通之理，故論命時必須要弄清楚地支相刑的性質，必須仔細推斷八字相關五行生剋制化對日主的影響。

總結

這「合冲剋刑、突變神機」看似不簡單，但其實不管批流年中某個八字的五行生剋變化如何複雜，總離不開「八字十式」之第一式的平衡大原則。

八字命理中的「合冲剋刑、突變神機」若學習得好，非同小可。只要能把「干支甲子」深入地弄明白，即能精通「神機鬼藏」之玄秘，可以知天知地知人世，知陽知陰知萬物，預測很多將要發生的事情。

練習

請為國家和香港特區批2019至2022年流年

中國：

　　坤造：

　　己丑、癸酉、甲子、辛未

　　大運（2歲入運）
　　(1951-1961)甲戌
　　(1961-1971)乙亥
　　(1971-1981)丙子
　　(1981-1991)丁丑
　　(1991-2001)戊寅
　　(2001-2011)己卯
　　(2011-2021)庚辰
　　(2021-2031)辛巳
　　(2031-2041)壬午
　　(2041-2051)癸未

香港特區八字

　　坤造：

　　丁丑、丙午、甲辰、甲子

　　大運（2歲入運）
　　(1999-2009)丁未
　　(2009-2019)戊申
　　(2019-2029)己酉
　　(2029-2039)庚戌
　　(2039-2049)辛亥
　　(2034-2059)壬子

第十二篇：「八字十式」之第九式 光明改命、假中求真； 第十式扭轉全局、時辰重要

第九式光明改命、假中求真

「八字十式」的第九式「光明改命、假中求真」，為他人論命無單一方法，要觀察對象，根據對象種性來作決定，對象可分為五種性，論命也有五種方法。

智慧型－告之光明即改運，因其僅暫時迷惑。鼓勵坐禪，萬法唯識。

知識型－不妨多説，互相切磋。有耐性地分析其命局五行機理，有如講學。使其不忽略五行（五術），卻又不迷信之。

不誠型－不必多説，免浪費時間。

迷信型－告之行善積福，是唯一改造命運之法。鼓勵多讀《了凡四訓》，除此以外，不用多説。

急症型－急救方，一線生機。盡量為其做某些事，或教其念《心經》、或教持咒，使其感覺已擁有光明法寶。

第十式扭轉全局、時辰重要

時辰不同，八字就有天壤之別，故三柱論命不可盡信。故《滴天髓》云：「生時歸宿之地，譬之基也，人元用事之神，墓之穴方也，不可以不辨。」

運用「八字十式」，其實可以很容易提升自己依據客觀事實推斷時辰之功夫，這功夫之鍛鍊，尤其重要。

附錄一：《滴天髓》

【通天論】

天道：欲識三元萬法宗，先觀地載與神功。

天有陰陽，故春木夏火秋金冬水季月土，得時顯其神功，命中天地人元之理，悉本乎此。

地道：坤元合德機緘通，五氣偏全定吉凶。

地有剛柔，故五行生於東南西北中，與天合德而神其機緘通之妙用，賦於人者有偏全之不一，故吉凶定於此。

人道：戴天履地人為貴，順則吉兮悖則凶。

凡物莫不得五行，而戴天履地，惟人稱五行之全，故貴其有吉凶之不一者以其得于五行之順與悖也。

知命：要與人間開聾瞶，順悖之機須理會。

不知命者，如聾瞶，知命者於順逆之機，而理會之，庶可開天下之聾瞶，而有功當世也。

理氣：理乘氣行豈有常，進兮退兮宜抑揚。

開闢往來皆是氣，而理行乎其間，行之始而進，進之極則為退之機，如三月之甲木是也，行之盛而退，退之極則為進之機，如九月之甲木是也，學者能抑揚其淺深，斯可以言命矣。

配合：配合干支仔細詳，斷人禍福與災祥。

天干地支相為配合，要詳細推其進退之機，始可以斷人之禍福災祥。

天干：五陽皆陽丙為最，五陰皆陰癸為至。五陽從氣不從勢，五陰從勢無情義。

甲丙戊庚壬為陽，獨丙火秉陽之精，而為陽中之陽，乙丁己辛癸為陰，獨癸水秉陰之精而為陰中之陰。五陽得陽之氣，即能成乎陽剛之事，不畏才煞之勢，五陰得陰之氣，即能成乎陰順之義，故木盛則從木，火盛則從火，金盛則從金，水盛則從水，土盛則從土，于情義之所在者，見其勢衰則忘之矣，蓋婦人之情如此，若得氣順正，亦未必從勢而忘義，雖從其性，亦必正者矣。

【天干論】

甲木：甲木參天，脫胎要火，春不容金，秋不容土，火熾乘龍，水蕩騎虎，地潤天和，植立千古。

純陽之木，參天雄壯，火者木之子也，旺木得火而愈敷榮，生於春則助火，而不能容金也，生於秋則助金，而不能容土也，寅牛戌丙丁多見而坐辰，則能受之，申子辰壬癸多見而坐寅，則能納之，使土氣不乾，水氣不消則能長生矣。

乙木：乙木雖柔，圭羊解牛，懷丁抱丙，跨鳳乘猴，虛濕之地，騎馬亦憂，藤蘿繫甲，可春可秋。

乙木者，如生於春之桃李，夏之禾稼，秋之桐桂，冬之奇葩，坐丑未能制柔土，如圭宰羊解割牛，然只要有一丙丁，則雖生申酉之月亦不畏之，生於子月而又庚辛壬癸透者，則雖坐午亦難發生，故知申酉丑未月為美，甲與寅名見，如弟從兄之義譬之藤蘿附喬木何畏砍伐哉。

丙火：丙火猛烈，欺霜侮雪，能鍛庚金，逢辛反怯，土眾生慈，水猖顯節，虎馬犬鄉，甲來成滅。

火陽精也，丙火爍陽之至，故猛烈不畏秋而欺霜，不畏冬而侮雪，庚金雖頑，力能鍛之，辛金本柔，合而反弱，土其子也，見戊己多而成慈愛之德，水其君也，遇壬癸旺而顯忠節之風，至於未遂炎上之性，而遇寅午戌一二位者，露甲木則燥而焚滅也。

丁火：丁火柔中，內性昭融，抱乙而孝，合壬而忠，旺而不烈，衰而不窮，如有嫡母，可秋可冬。

丁屬陰火，性雖陽柔而得其中矣，外柔煩而內文明，內性豈不昭融乎，乙丁之嫡母也，乙畏辛而丁抱之，不若丙抱甲而反能焚甲木也，不若己抱丁而反能晦丁火也，其孝異乎人矣，壬丁之正君也，壬畏戊而丁合之，外則撫恤戊土，能使戊土不欺乎壬也，內則暗化木，神能使戊土不敢抗乎壬也，其忠異乎人矣，生於夏令雖逢丙火，特讓之而不助其焰，不至於烈矣，生於秋冬，得一甲和則倚之不波而焰至於無窮也，故曰可秋可冬，皆柔之道也。

戊土：戊土固重，既中且正，靜翕動闢，萬物司命，水潤物生，火燥物病，若在艮坤，怕沖宜靜。

戊土非城牆隄岸之謂也，較己土特高厚剛燥，乃己土之發源地也，得乎中氣而且正大矣，春夏則氣闢而生萬物，故為萬物之司命也，其氣屬陽，喜潤不喜燥，坐寅怕申，坐申怕寅，蓋沖則根動，非地道之正也，故宜靜己土卑濕，中正蓄藏，不愁木盛，不畏水狂，火少火晦，金多金光，若要物旺，宜助宜幫己土卑薄軟濕，乃戊土枝葉之地，亦主中正而能畜藏萬物，故土雖柔而能生木非木所能剋，故不愁木盛，土深而能納水，非水所能蕩，故不畏冰狂無根之火，不能生濕土，故人少而火晦，濕土能潤金氣，故金多而金光，此其無為而有為之妙用，若要萬物充盛長旺，惟土勢固厚，又得中和之氣溫暖方可。

己土：己土卑濕，中正蓄藏，不愁木盛，不畏水旺，火少火晦，金多金明，若要物昌，宜助宜幫。

己土卑薄軟濕，乃戊土枝葉之地，亦主中正而能蓄藏萬物。柔土能生木，非木所能克，故不愁木盛；土深而能納水，非水所能盪，故不畏水狂。無根之火，不能生濕土，故火少而火反晦；濕土能潤金氣，故金多而金光彩，反清瑩可觀。此其無為而有為之妙用。若要萬物充盛長旺，惟土勢深固，又得火氣暖和方可。

庚金：庚金帶煞，剛健為最，得水而清，得火而銳，土潤則生，土乾則脆，能贏甲兄，輸於乙妹。

庚金乃天上之太白，帶煞而剛健，健而得水，則氣流而清，剛而得火，則氣純而銳有水之土，能全其生，有火之土，能使其脆，甲木雖強，力足伐之，乙木雖柔，合而反弱矣。

辛金：辛金軟弱，溫潤而清，畏土之多，樂水之盈，能扶社稷，能救生靈，熱則喜母，寒則喜丁。

辛乃陰金，非珠玉之謂也，凡溫軟清潤者，皆辛金也，戊土多而能埋，故畏之壬水多而必秀，故樂之，辛丙之臣也，合丙化水，使丙火臣服壬水，而扶社稷，辛甲之君也合丙化水，使丙火不焚甲木，而救生靈，生於夏而得己土，則能晦火而存之，生於冬而得丁火，則能敵寒而養之，故辛金生於冬月，會見丙火，則男命不貴，雖貴亦不忠，女命剋夫，不剋亦不和，見丁火，則男女皆貴且順。

壬水：壬水通河，能洩金氣，剛中之德，週流不滯，通根透癸，沖天奔地，化則有情，從則相濟。

壬水則癸水之源，發於崑崙，癸水即壬水之歸宿，扶桑之水，有分有合，運行不息，所以為百川也，亦為雨露也，是不可歧而二之，申為天關，乃天河之口，水生此，能發西方金氣，週流之性，漸進不漸，剛中之德猶然也，若申子辰全，而又透癸，其勢沖奔不可遏也，如東海發端於天河，每成水患，命中遇之，若其用財官者，其禍福當何如哉，合丁化木，又生丁火，可謂有情能制丙火，不奪丁火之愛故為夫義而君仁，生於九夏，則巳午未中火土之氣，得壬水薰蒸而成雨露，故雖從火而未嘗不濟也。

癸水：癸水至弱，達於天津，得龍而潤，功化斯神，不愁火土，不論庚辛，合戊見火，化象斯真。

癸水，乃陰之純而至弱，故扶桑有弱水，至達於天津，得龍而成雲雨，乃能潤澤萬物，功化斯神，凡柱中有甲乙寅卯，皆能運水氣，生木制火，潤土養金，為貴格，火土雖多不畏，至於庚辛，則不賴其生，亦不忌其多，惟合成土化火，何也，戊生於寅癸生於卯，卯屬東方，故能生如火，此一說也，不知地不滿東南，戊土之極處，乃癸水之盡處，乃太陽起方也，故化火，凡戊癸得丙丁透者，不論衰旺秋冬，皆能化火最為真也。

【地支論】

陽干：陽干動且強，速達顯災祥。

干為陽、支為陰也。干主天，顯露於外，故動而有為；干之性質單純，故顯之於用，天干之為吉為凶，顯而易見。

陰支：陰支靜且專，否泰每經年。

支主地，藏納於下；支之性質複雜，若吉神暗藏，或凶物深藏，一時不是禍福。非歲運引動，休咎不顯；經年者，言歲運相催也。

戰局：天戰猶自可，地戰急如火。

干頭遇甲乙庚辛，謂之天戰，而得地順靜者無害，地支寅申卯酉，謂之地戰則干不能為力，其勢速凶，蓋天主動，地主靜故也，若或甲寅乙卯庚申辛酉皆見，謂之天地交戰，必凶無疑，遇歲合之會之，視其勝負，亦有可存可發者，其有兩沖者，只得一個合神有力，或會神庫神貴神，以收其動氣，息其爭氣，亦為佳美，至於喜神伏藏死絕者，又要沖動，引用生發之機也。

合局：合有宜不宜，合多不為奇。

喜神有能合而助之者，以庚為喜神，得乙合而助金，凶神，有能合而去之者，以甲為凶神，得己合而去木，動局有能合而靜者，如子午相沖，得丑未合而靜，生局有能合而成者，如甲生於亥，得寅合而成，皆是也，如助其凶神之合，如己為凶神，甲合之，則為羈絆，喜神之合，如乙是喜神，庚合之，則羈絆掩蔽，動局之合，丑未喜神子午合之，則閑生局之合，不喜甲木，寅亥合之，則助，皆不宜也，大約多合則不流通，不奮發，雖有秀氣亦不為奇矣。

宜忌：生方怕動庫宜開，敗地逢沖仔細推。

寅申巳亥，生方也，忌沖動，辰戌丑未，四庫也，宜沖則開，子午卯酉，四敗也，有逢合而喜沖者，不若生地之必不可沖也，有逢沖而喜合者，不若庫地之必不可閉也，仔細詳之。

沖剋：支神只以沖為重，刑與穿兮動不動。

沖者，必是相剋也，及四庫如兄弟之沖，所以必動，至於刑穿之間，又有相生相合者存，所以有動不動之異，故為輕也。

暗沖：暗沖暗合尤為喜，彼沖我沖皆沖起。

如柱中所無所缺之局，取多者，暗沖暗合，沖
起暗神而來會合，暗神比明沖明會尤佳，如
子來沖午，寅與戌會合者，是日干為我，提綱
為彼，提網為我，年時為彼，四柱為我，歲月
為彼，彼寅我申是彼沖我，我子彼午，是我沖
彼，皆為沖起。

沖旺：旺者沖衰衰者拔，衰神沖旺旺者發。

如子旺午衰，子沖午則午拔不能立，子衰午
旺，子沖午則午發而為福，餘皆做此。

【干支總論】

順逆：陽順陰逆，其理固殊，陽生陰死，其論勿執。

陽生陰死，陽順陰逆，此理出於洛書，流行之用，固信有之，然甲木死於午，午為洩氣之地，理固然也，而乙木死於亥，亥中有壬水，乃其嫡母，何為死哉？凡此皆詳其干支輕重之機，母子相依之勢，陰陽消息之理，而論吉凶可也，若專執生死一說推斷則有誤矣。

覆載：天全一氣，不可使地道莫之載。地全三物，不可使天道莫之覆。

四甲四乙，而遇寅申卯酉相冲，為地不載。

寅卯辰，亥卯未，而遇甲乙庚辛相尅，則天不覆。故不論全一氣與三物者，皆要天覆地載不論有根無根，皆要循其氣序，干支不反悖為妙。

陽位：陽乘陽位陽者昌，最要行程安頓。

六陽之位，獨子寅為陽方，為陽位之純，五陽居之旺矣，最要行運陰順安頓之地。

陰位：陰乘陰位陰氣盛，還須道路光亨。

六陰之位，獨未酉亥為陰方，乃陰位之純，五陰居之旺矣，最要行陽順光亨之運。

天衰：地生天者，天衰怕衝。

如戊寅壬申丙寅己酉皆長生日主，如主衰逢沖，則根拔而禍尤甚矣。

地旺：天合地者，地旺宜靜。

如丁亥、戊子、甲午、己亥、辛巳、壬午、癸巳之類，皆支中人元，與天干相合者，此乃坐下財官之地，若旺則宜靜不宜動。

相生：甲申戊寅，是為殺印相生。癸丑庚寅，亦是殺印兩旺。

兩神者，殺印也，庚見寅中火土，卻多甲木，又以財論，癸見丑中土金，卻多癸水，則幫身，不如甲見申中壬水庚金，戊見寅中甲木丙火之為真也。

上下：上下貴乎有情。

天干地支，雖非相生都要有情而不反悖。

左右：左右貴乎同志。

上下左右，雖不全一氣三物，卻須生化不錯。

始終：**始其所始，終其所終，福壽富貴，永乎無窮。**

年月為始，日時不反悖之，日時為終，年月不妒害之，凡局中所喜之神，引干時支有所歸著，為始終得所，則富貴福壽，可以永乎無窮矣。

【形象論】

兩氣：**兩氣合而成象，象不可破也。**

天干屬木，地支屬火，天干屬火，地支屬木，其象屬一，若見金水則破，餘仿此。

五氣：**五氣聚而成形，形不可害也。**

木必得水而生，火以行之，土以培之，金以成之，是以成形於要緊之地，或過或缺則為害，餘仿此。

獨象：**獨象喜行化地，而化神要昌。**

一者為獨，曲直炎上之類是也，所生者為化神，化神昌旺其喜氣流行，然後行財官之地方可。

全象：全象喜行財地，而財神要旺。

三者為全，有傷官而又有財是也，主旺喜財旺，而不行官煞之地方可。

損補：形全者宜損其有餘，形缺者宜補其不足。

如甲木生於寅卯辰月，丙火生於巳午未月，皆為形全。

戊土生於寅卯辰月，庚金生於巳午未月，皆為形缺，餘仿此。

【方局論】

莫混：方是方兮局是局，方要得方莫混局。

寅卯辰，東方也，搭一支亥卯未，則為太過，豈不為混局哉。

混局：局混方兮有純疵，行運喜南還喜北。

亥卯未木局，混一寅卯辰則木強，運行南北雖有純疵俱利。

齊來：若然方局一齊來，須是干頭無反覆。

木局木方全者，須天干全順，得序行運不悖尤妙。

生庫：成方干透一元神，生地庫地皆非福。

如寅卯辰全者日主甲乙木，則透元神而又遇亥之生，未之庫，決不發福，惟有純一火運略好。

透官：成局干透一官星，左邊右邊空碌碌。

甲乙日，遇亥卯未全者，庚辛乃木之官也，又見左辰右寅，則名利無成，詳例自見甲乙日單遇庚辛，亦無成矣。

【格局論】

八格：財官印綬分偏正，兼論食神八格定。

自形象氣局之外而格局之最真者，月支之神透天干也，以散亂之天干而尋其得所附於提綱者，非格也，自八格之外，若曲直五格之類，亦皆為格，而方局氣象定之者，又不可言格也，五格之外，飛天與合祿雖為格，而可以彼理移論，亦不可以言格也。

雜氣：影響遙繫既為虛，雜氣財官不可拘。

飛天合祿之類，即為影響遙繫，而非格矣，如四季月生人，具當取土為格，不可言雜氣才官，戊己日生於四季，當看人元透於天干者取格，不可以一概雜氣論之，至於建祿，同支羊刃，亦當看月令中人元透於天干者取格，若不合氣象形局則又無格局矣，只取用神，用神又無所取，只得看其大勢，以皮面上斷其窮通，不可執格論也。

官煞：官煞相混來問我，有可有不可。

煞即官也，同流同止可混也，官非殺也，各立門牆不可混也，煞重矣，官從之，非混也，官輕矣，煞助之，非混也，敗財比肩雙至者，煞可使官混也，一煞而遇食傷者，官助之非混煞也，勢在於官，官有根而煞之情依乎官矣，依官之煞，歲助之而混官，不可也，勢在於煞，煞有根官之勢依乎煞矣，依煞之官歲助之而混煞，不可也，藏官露煞，干神助煞，合官留煞，皆成煞氣，不可使官混也，藏煞露官，干神助官合煞留官，皆從官象，不可使煞混也。

傷官：傷官見官果難辨，可見不可見。

身弱而傷官旺者，見印而可見官，身旺而傷官
輕者，見財而可見官，傷官旺而財神輕，有比
劫而可見官，日主旺而傷官輕，無印綬兩可
見官，傷官旺而無財，一遇官而有禍，傷官旺
而身弱，一遇官而有禍，傷官弱而見印，一見
官而有禍，大約傷官有財，皆可見官，傷官無
財，皆不可見官，又要看身強身弱，合財官印
綬比肩不同方，可不必分金木水火土也，又曰
傷官用印無財，不宜見財，傷官用官無印，不
宜見印，須仔細詳之。

【從化論】

從象：從得真者只論從，從神又有吉和凶。

日主孤弱無氣，天地人元絕無一毫生扶之力，
才官強甚，乃為真從也，當論所從之神，如從
才即以才為主，才神是木又要看意向，或要火
要土要金而行運得所者必吉，否則凶，餘皆仿
此。

化象：化得真者只論化，化神還有幾般話。

如甲日主，生於四季，單透一位己土在月時上合之，不遇壬癸甲乙戊己，而有辰字乃為化得真，又如丙辛生於冬月，戊癸生於夏月，乙庚生於秋月，丁壬生於春月，獨自相合，又得龍以運之，此皆真化矣，又論化神，如甲己土，土陰寒，要火土昌旺，土太旺，要用水為財，木為官，金為食傷，隨其所向，論其喜忌，再見甲乙，亦不可以爭合妒合論，蓋化真矣，如烈女不更二夫，歲運遇之，皆閑神也。

假象：真從之家有幾人，假從亦可發其身。

日主弱矣，才官強矣，不能不從，中有所助，及暗生者，從之不真，至於行運才官得地，雖是假從，亦可助富貴，但其人不能免禍，或者心地不端耳。

假化：假化之人亦多貴，異姓孤兒能出類。

日主孤弱，而遇合神真，不能不化，但暗扶日主，合神又虛弱，又無龍以運之，不為真化，至游歲運扶起合神，制伏助神，雖為假化，亦可取用，雖是異姓孤兒，亦可出類拔萃，但其人多執滯偏拗，作事屯覃，骨肉欠遂。

【歲運論】

歲運：休咎係乎運，亦係乎歲，戰沖視其孰降，和好視其孰切。

日主譬如吾身，局中之神，譬之舟馬引從之人物也，大運譬之所蒞之地，故重地支未嘗無天干，太歲譬之所遇之人，故重天干未嘗無地支，必先明其日主，而後配合七字，推其輕重，看喜行何運，忌行何運，如甲日，以氣機看春，以人心看仁，以物理看木，大約看氣機而物在其中，遇庚辛申酉字，即看春而行之於秋，斷伐其生生之機，又看喜與不喜，而運行生甲伐甲之地，可斷其休咎矣，太歲主休咎，即顯於是，更詳論歲運戰沖和好之勢，而得勝負適從之機，則休咎了然在目矣。

戰：何謂戰？

如丙運庚年，謂之運伐歲（剋），日主喜庚，要丙降，得戊壬（洩剋）者吉（以剋洩忌神之物為吉）。如日主喜丙，而歲運不肯降，得戊己，以和為妙（太歲為尊神，故以和解為上）。如庚坐寅年，丙之力大，則歲亦不得不降（勢大則太歲無權），降之可保無禍。如庚運丙年，謂之歲伐（剋）運，日主喜庚，得戊己以和為吉（通關）。如日主喜丙，則運不降歲，又不可用戊己洩丙助庚（運管十年，與命較親）。若庚坐寅午，丙之力量大，運自不得不降，亦保無患則吉矣。

衝：何為衝？

如子運午年，謂之運衝歲，日主喜子，則要助子，又得年干，乃制午之神更妙，或午之黨多，干頭遇丙戊甲者必凶。如午運子年，謂之歲沖運，日主喜午，而子壬之黨多，干頭又助子，必凶。日主喜子而沖午，午之黨多，干頭助子者必吉，若午重子輕，則歲不降，亦無咎也。日干喜子，而午之黨少，干頭亦不助午，必吉。若午重子輕，則歲不降，亦無咎（其勢已成，歲力不能為禍）。

和：何謂和？

如乙運庚年，庚運乙年，則和（乙庚化金），日主喜金則吉，喜木則不吉。如子運丑年，丑運子年則和（子丑合化土），日主喜土則吉·喜水則不吉。

好：何謂好？

如庚運辛年，辛運庚年，申運酉年，酉運申年，則好，日主喜陽，則庚與申為好，喜陰則辛與酉為好，凡此例推。

【體用論】

體用：道有體用，不可以一端論也，要在扶之益之，得其相宜。

有以日主為體，提綱為用。日主旺，則提綱之食神財官皆為我用：日主弱，則提綱有物，幫身以制其神者，亦皆為我用。提綱為體，喜神為用者，日主不能用乎提綱矣。提綱食傷財官太旺，則取年月時上印比為喜神；提綱印比太旺，則取年月時上食傷財官為喜神而用之。此二者，乃體用之正法也。有以四柱為體，有以化神為體，四柱為用，化之真者，即以化神為體，以四柱中與化神相生相剋者，取以為用。有以四柱為體，歲運為用，有以喜神為體，輔喜神之神為用，所喜之神，不能自用以為體用輔喜之神。有以格象為體，日主為用者，須八

格氣象，及暗神，化神，忌神，客神，皆成一體段。

若是一面格象，與日主無干者，或傷克日主太過，或幫扶日主太過，中間要尋體用分辨處，又無形跡，只得用日主自去引生喜神，別求一個活路為用矣。有以日主為用，有用過於體者。如用食財，而財官食神盡行隱伏，及太髮露浮泛者，雖美亦過度矣。有用立而體行者，有體立而用行者，正體用之理也。如用神不行於流行之地，且又行助體之運財不妙。有體用各立者，體用皆旺，不分勝負，行運又無輕重上下，則各立。有體用俱滯者，如木火俱旺，不遇金土則俱滯，不可一端定也。然體用之用，與用神之用有分別，若以體用之用為用神固不可，舍此以別求用神又不可，只要斟酌體用真了。於此取緊要為用神，而二三四五處用神者，的非妙造，須抑揚其重輕，毋使有餘不足。

【精神論】

精神：人有精神，不可以一偏求，要在損之益之得其中。

精氣神氣皆元氣也，大率五行以金水為精氣，木火為神氣，而土所以實之也，有神足不見其精而精自足者，有精足不見其神而神自足者，有精缺神索而日主又孤弱者，有神不足而精有餘者，有精神俱缺而氣旺者，有精神俱旺而氣衰者，有精缺而神助之者，有神缺而得精以生之者，有精助精而精反洩無氣者，有神助神而神反斃無氣者，二者皆由氣以主之也，凡此皆不可偏求也，俱要損益其進退，不可使有過不足也。

【衰旺論】

衰旺：能知衰旺之真機，其於三命之奧，思過半矣。

旺則宜洩宜傷，衰則喜幫喜助，子平之理也，然旺中有衰者，存不可損也，衰中有旺者，存不可益也，旺之極者不可損，以損在其中矣，衰之極者不可益，以益在其中矣，至於實所當損者而損之反凶，弱所當益者而益之反害，如此真機皆能知之，又何難於詳察三命之微奧焉。

【中和論】

中和：既識中和之正理，而於五行之妙，有能全焉。

中而且和，子平要法也，有病方為貴，無傷不是奇，舉傷而言之也，至格中如去病才祿兩相宜，則又中和矣，到底要中和為至貴，若當令氣數，或身弱才宮旺而取富貴者，不必中和也，用神強而取富貴者，不必中和也，偏氣古怪而取富貴者，不必中和也，何則以天下之才官止有此數者，而天下人才為最多者，尚於邪巧也。

【剛柔論】

剛柔：剛柔不一也，不可制者，引其性情而已矣。

剛柔相濟，不必言也，太剛者，濟之以柔，而不得其情，則反助其剛矣，譬之武士而得士卒，則成殺伐，如庚金生於七月，遇丁火而激其威，遇乙木而助其暴，遇己土而成其志，遇癸水而益其銳，不如以柔之剛濟之可也，壬水是也，壬水有正性，而能引通庚金之情故也，若以剛之剛者激之，其禍曷勝言哉，太柔者濟之以剛而不馭其情，則反益其柔也，譬之弱婦而遇恩威則成淫賤，如乙木生於八月，遇甲丙壬而喜則輸情，遇戊庚盛而畏則失身，不如以剛之柔者濟之可也，丁火是也，蓋丁火有正

情，則能引動乙木之情故也，若以柔之柔者合濟之，其弊又當何如哉，餘皆例推。

【順逆論】

順逆：順逆不齊也，不可逆者，順其氣勢而已矣。

剛柔之道，可順而不可逆也，崑崙之水可順而不可逆也，其勢已成，可順而不可逆也，權在一人可順而不可逆也，二人同心可順而不可逆也。

【寒暖論】

寒暖：天道有寒暖，發育萬物，人道得之不可過也。

陰支為寒，陽支為煖，西北為寒，東南為煖，金水為寒，木火為煖，得氣之寒遇煖而發，得氣之煖逢寒則成，寒之甚，煖之至，內非一二成象，必無好處，若五陽逢子月，則一陽後萬物懷胎，陽乘陽位，可東可西，五陰逢五月，則一陰後萬物收藏，陰乘陰位，可南可北。

濕燥：地道有濕燥，生成品彙，人道得之不可偏也。

過於濕者，滯而無成，過於燥者，烈而有禍，水有金生遇寒土而愈濕，火有木生遇暖土而愈燥，皆偏也，如水火成其燥者吉，木火傷官要濕也，土水而成其濕者吉，金水傷官要燥也，間有土水宜燥者，用土而後用火，金脆宜濕者，用金而後用水。

【月令論】

月令：月令提綱之府，譬之宅也，人元用事之神，宅之定向也，不可以不卜。

令星乃三命之至要，氣象得令者吉，喜神得令者吉，令其可忽乎，月令如人之家宅支中之三元，乃定宅中之向道，又不可以不卜，如寅月生人，立春後七日戊土用事，八日後十四日前者，丙火用事，十五日後，甲木用事，知此可以取用，亦可以取格矣。

【生時論】

生時：生時歸宿之地，譬之基也，人元用事之神，墓之穴方也，不可以不辨。

子時生人，前三刻三分壬水用事，後三刻七分癸水用事，其寅月生人，戊土用事何如，丙火用事何如，甲本用事何如，局中所用之神與壬水用事者何如，窮其淺深如墓墳之定方道，斯可以斷人之禍福矣，至於同年月日時，而人各不同其應者，當究其時之先後，又論山川之異，世德知殊，十有九驗，其有不然者，不過此則有官，彼則子多，此則財多，彼則妻美，乃小異耳，夫山川之異，不惟東西南北迥乎不同者宜辨之，即一邑之家，而風聲氣習不能一律也，世德之殊不惟富貴貧賤絕乎不侔者宜辨之，即同門共戶而善惡邪正不能盡齊也，學者可以知其興替矣。

【源流論】

源流：何處起根源，流到何方住，機括此中求，知來亦知去。

不必論當令不當令，具論取最多最旺者，而可以為歸局之宗祖者，即為源頭也，看此源頭流到何方，流去之處，是所喜之神，即在此住了，乃為歸路。如：辛酉、癸巳、戊申、丁巳，以火為源頭，至金水之方，即流住了，所以富貴為最，若再流至木地，則氣洩為亂，如未曾流至去方，中間即為阻節，看其阻住之神何神，以斷其休咎，流住之地何地，以知其地位。如：癸丑、壬戌、癸丑、壬子，以土為源頭止水方只生得一介身子，而戌中火土之氣，得從而引氣，所以為僧也。

【通關論】

通關：兩意本相通，中間有關隔，此關若通也，到處歡相得。

陰陽之氣，欲相合相生也，木土而得火，火金而得土，土水而得金，金木而得水，皆是牛郎織女之有情也，若中間上下懸隔，為物所間，前後遠絕，或被刑沖，或被劫占，或隔一物，皆為關也，如得引用會合之神，及刑沖所間之物，前後上下援引得來，能勝劫占之神，能補所缺之物，則明見暗合，歲運相逢，乃為通關也，關通而願遂矣，豈不歡相得哉？

【清濁論】

清氣：一清到底有精神，管取生平富貴真，澄濁求清清得去，時來寒谷也回春。

清者，非從一氣成局之謂也，如正官之格，身旺有財，身弱有印，並無傷官七煞混之，縱有比肩食神印綬才煞雜之，皆循序得所有安頓，或作閑神不來破局，乃為清奇，又要有精神不枯弱者佳，濁者非五行並出之謂也，如正官之格，身弱混以煞以財以食神，不能傷我之官反與官星不和，印綬雜之，不能扶我之身，反與才星相伐，俱為濁，或得一神有力，或行運得所，以掃其濁氣，沖其濁氣，皆為澄濁以求清，作富貴之命看矣。

濁氣：滿盤濁氣令人苦，一局清枯也苦人，半濁半清猶是可，多成多敗度晨昏。

四柱中尋他清處不出，行運又不能去其濁氣，必是貧賤命，若清又要有精神方為妙，如枯弱無氣，行運又不能生旺地，亦清苦之人，濁氣又難去，清氣又不真，行運又不遇清氣，又不脫濁氣者，雖然成敗不一，不過悠忽了此生耳。

【真假論】

真假：令上尋真聚得真，假神休要亂真神，真神得用平生貴，用假終為碌碌人。

如木火透者，生寅月聚得真，不要金水亂之，真神得用不為忌神所害，則貴，如參以金水猖狂，而用金水，是金水又不得令，徒與木火不和，乃為碌碌人矣。

參差：真假參差難辨論，不明不暗受膻屯，提綱不與真神照，暗處尋真也有真。

真神得令，假神得局而黨多，假神得令，真神得局而黨多，不見真假之跡，或真假皆得令得助，不能辨其勝負，而參差者，其人雖無大禍，一生屯否而少安樂，寅月生人，不透木火而透金為用神，是為提綱不照也，得己丑暗邀戊己轉生卯沖酉，乙庚暗化，氣轉西方，亦為有真，亦或發福，已上特舉真假一端言耳，其會局合神從化，用神衰旺，情勢象格，心跡才德邪正，緩急生死進退之例，莫不有其真假，宜詳辨之。

【隱顯論】

隱顯：吉神太露，起爭奪之風，凶物深藏，成養虎之患。

局中所喜之神透於天干者，歲運不遇忌神，不至爭奪，所以暗用吉神為妙，局中所忌之神伏藏於地支者，歲連扶之沖之則為患不小，所以忌神須制化得所者為吉。

【眾寡論】

眾寡：抑強扶弱者常理，用強捨弱者元機。

強寡而敵眾者，喜強而助強者吉，強眾而敵寡者，惡敵而敵眾者滯。

【奮鬱論】

奮鬱：局中顯奮鬱之機者，神舒意暢，象內多沈埋之氣者，心鬱志灰。

陽明用事：用神得力，天地交泰，神顯精通，必多奮發。

陰晦用事：情多戀私，主弱臣強，神藏精洩，必多困鬱。

【恩怨論】

恩怨：兩意情通中有媒，雖然遙立意追陪，有情卻被人離間，怨起恩中死不灰。

喜神合神，兩情相通，又有人引用生化，如有媒矣，雖是隔遠分立，其情自相和好，故有恩而無怨，若合神喜神雖有情，而忌神離間求合不得，則終身為怨，至於可憎之神，遠之為妙，可愛之神，近之尤切，邂逅相逢，不勝其樂。

【閑神論】

閑神：閑神一二未為疵，不去何妨莫動他，半局閑神任閑著，要緊之地立根基。

喜神不必多也，一喜而十備矣，忌神不必多也，一忌而十害矣，自喜忌之外，不必以為喜，不足以為忌，皆閑神也，如以天干為用，成氣成合，而地支之神，虛脫元氣，沖合自適，升降無情，如以地支為用，成局成合，而天干之神，游散浮泛，不礙日主，主陽輔陽，而陰氣停泊，不沖不動，不合不助，主陰輔陰，而陽氣停泊，不沖不動，不合不助，日月有情，年時不顧，日時間斷，年月不顧，不害不沖，無情無合，雖有閑神只不去動他，但要緊之地，須自結營寨，至於運道，即行自家邊界，尤為要也。

【絆神論】

絆神：出行要向天涯遊，何事裙釵恣意留；不管白雲與明月，任君策馬朝天闕。

本欲奮發有為者也，而日主有合，不顧用神，用神有合不顧日主，不欲貴而遇貴，不欲祿而遇祿，不欲合而遇合，不欲生而遇生，皆有情而反無情，如裙釵之留，不能去也。

日主乘用神而馳驟，無私意牽制也，用神隨日主而馳驟，無私情羈絆也，足以成其大志，是無情而反有情也。

【順反論】

順局：一出門來要見兒，吾兒成氣搆門閭，從兒不論身強弱，只要吾兒又遇兒。

此與從象成象傷官不同，只取我生者為兒，如木遇火成氣象，不論日主強弱，而又看火能生土氣，又成生育之勢，此為一氣流通、必然富貴矣。

反局：君賴臣生理最微，兒能生母洩天機，母慈滅子關頭異，夫健何為又怕妻。

木君也土臣也，木浮水泛，土止水，則生木；木旺火熾，金伐木，則生火；火旺土焦，水剋火，則生土；土重金埋，木剋土，則生金；金旺水濁，火剋金，則生水，皆君賴臣也。

木為母，火為子，木被金傷，火剋金則生木；火遭水剋，土剋水則生火；土遇木傷，金剋木則生土；金逢火煉，水剋火則生金；水因土塞，木剋土則生水，皆兒能生母。

木母也，火子也，木旺謂之慈母，反使火熾而焚滅子火，土金水亦如之。水泛木浮，土止水則生木；木旺火晦，金伐木則生火；火炎土焦，水剋火則生土；土重埋金，木剋土則生金；金旺水濁，火剋金則生水。

木夫也土妻也，木雖旺，土生金而剋木，是謂夫健而怕妻；火土金水亦如之。其有水逢烈火而生土、火逢寒金而生水。

如水生金者，潤地之燥；火生木者，解木之凍；火焚木而水竭；土滲水而木枯，皆為反局，學者細推詳其元妙。

【震兌論】

震兌：震兌主仁義之真機，勢不兩立，而有相成者存。

震在內兌在外，月卯日亥或未，年丑或巳，時酉是也，主之所喜者在震，以兌為敵國用火攻，主之所喜者在兌，以震為奸宄，備禦之而已，不必盡去，兌在內震在外，月酉日丑或巳，年未或亥，時卯者是也，主之所喜者在兌，以震為游兵，易於滅而不可黨震也，主之所喜者在震，以兌為內寇，難於滅而不可助兌也，以水為說客相間之於上下，或酉年巳月卯日丑時，亥年申月庚日申時之類，亦論主之所喜所忌者何如，而論攻備之法，然金忌木，木帶火，木不傷土者，不必去木也，若木忌金而金強者，不可戰，惟秋金而木茂，木終不能為金之害，反以成金之仁，春木而金盛，金實足以制木之性，反以全木之義，其月提是木年日時皆金者，不必問主之所喜所忌，而亦宜順金之性，凡月提是金，年月時皆是木，不必問主之所喜所忌，而亦宜成金之性。

【坎離論】

坎離：坎離宰天地之中氣，成不獨成，而有相成者在。

天干透壬癸，地支屬離，為既濟，要天氣下降，天干透丙丁，地支屬坎為未濟，要地氣上升，天干皆水，地支皆火為交姤，交姤身強則富貴，天干皆火地支皆水為交戰，交戰身弱豈能富貴，坎外離內謂之未濟，主之所喜者在離，要水，離內坎外謂之既濟，主之所喜者在坎，要火，水火相間於天干，以火為主而水盛者存，坎離相間於地支，喜坎而坎旺者昌，夫子午卯酉專氣也，其相制相持之勢，宜悉辨之，若四生四庫之神，皆所以黨助乎子午卯酉者，其理方可詳推矣。

【君臣論】

君象：君不可亢也，貴乎損上以益下。

日主為君，才神為臣，如甲乙滿盤是木，內有一二土氣，是君盛臣衰，其勢要多，方能助臣，火生之，土實之，金衛之，庶幾上全而下安。

臣象：臣不可過也，貴乎損下而益上。

日主為臣，官星為君，如甲乙滿盤是木，內有一二金氣，是臣盛君衰，其勢要多方能助金，用帶土之火以洩木氣，用帶水之土以生金，庶君安臣全，若木火又盛，無奈何常存君之子，少用水氣一路行火運，方得發福。

【母子論】

母象：知慈母恤孤之道，始有瓜瓞無疆之慶。

日主為母，日主所生者為子，如甲乙日主，滿盤是木，內有一二火氣，是母旺子孤，其勢要多方生子孫，有瓜瓞綿綿之慶矣。

子象：知孝子奉親之方，始成克諧大順之風。

日主為子，生日主者為母，如甲乙日，滿盤是木，中有一二水氣，為子眾母衰，其勢要多方能安母，用金以生水，土以生金，則生成子母之情為大順矣，設或無金，則水之神依乎木，而行木火盛地亦可。

【才德論】

才德：德勝才者，局全君子之風，才勝德者，用顯多能之象。

清利平順，主輔得宜，所合者皆正人，所用者皆正氣，不必節外生枝，不必弄假成真，才官喜神皆足以了其平生不生貪戀之私，度量寬宏，施為必正，皆君子之風也，財薄而力量足以貪之，官卑而志雄，必欺求之，混濁破害，主弱輔強，爭合邪神，三四用神，皆心事奸貪，作事僥倖，為多能之象，大約陽在內，陰在外，不敬不沖者為德勝才，如丙寅戊辰月日卯癸卯年時，皆是，若陽外陰內，則畏勢趨利此為才勝德矣。

【性情論】

性情：五行不戾，惟正清和，濁亂偏枯，性情乖逆。

五氣在天，則為元亨利貞，誠在人則為仁義禮智信之性，惻隱羞惡辭讓是非誠實之情，五氣不乖張者，則其存之而為性，發之而為情，莫不清和矣，反此者乖戾。

性燥：火烈而性燥者，遇金水之激。

火烈而能順其性必明，順性矣，惟有金水激之，其燥急不可禦矣。

性柔：水奔而性柔者，全金木之神。

水盛而奔，其性至剛至急，惟有金以行之，木以納之，則自柔順矣。

軟怯：木奔南而軟怯。

木之性見火為慈，奔南則仁之性行於禮，其性軟怯，得其中者為惻隱辭讓，偏者為姑恤而繁縟矣。

流通：金見水則流通。

金之性最方，正有斷制執毅，見水則義之性行於智，智則元神不滯，故流通，得氣之正者，是非不苟，有斟酌，有變化，得氣之偏者，必心泛濫為流蕩之人矣。

最拗：最拗者西水還南。

西方之水發源最長，氣勢最旺，無土以制之，木以納之，浩蕩不順，反行南方則逆，豈非強拗而難制乎。

至剛：至剛者東火轉北。

東方之火，其焰炎上，局中無土以收之，水以制之，其焚烈之勢而不能順，反行北方，則逆其性而愈剛暴矣。

抗勇：順生之機，遇擊神而抗。

如木生火，火生土，一路順其情性次序，自相和平，遇擊而不得遂其順生之性，則抗而勇猛。

狂猛：逆生之序，見閑神而狂。

木生亥，見戌酉申則氣逆，非性之所安，一遇閑神，若巳酉丑逆之，則必發狂而猛。

鬱煩：陽明遇金，鬱而煩多。

寅午戌為陽明，而金氣伏於內，則成其鬱氣，必多煩悶者矣。

濕滯：陰濁藏火，包而多滯。

酉丑亥為陰濁，有火氣藏內，則不發輝，而多濕滯。

格局：陽刃局，戰則逞威，弱則怕事；傷官格，清則謙和，濁則剛猛。用神多者，情性不常；支格濁者，虎頭鼠尾。

凡此皆性情之異，善惡之殊，不專以日主論，蓋凡局中莫不有性情，觀其性情，可知施為，觀其施為，可知吉凶，如木之性主慈，觀其日主何神，又詳木之衰旺，與所遇者何神，成何氣象，若木是官星而奔南，遇擊遇閑神，即斷其官之好歹，子之善惡，莫不了然。

【疾病論】

和：五行和者，一世無災。

五行和者，不特全而不缺，生而不剋，只是全者宜全，缺者宜缺，生者宜生，剋者宜剋，則和矣，一世無咎。

亂：血氣亂者，平生多病。

血氣亂者，不特火勝水，水剋火之類，五氣反逆，上下不通，往來不順，謂之亂，故主多病。

病凶：忌神入五臟而病凶。

柱中所忌之神，不制不化，不沖不散，隱伏深固，相剋五臟，則其病凶，忌木而入土則脾病，忌火而入金則肺病，忌土而入水則腎病，忌金而入木則肝病，忌水而入火則心病，又看虛實，如木入土，土旺者則脾有餘之病，發於四季月，土衰者則脾有不足之病，發於春冬月，餘皆做此。

災小：客神遊六經者災小。

客神比忌神為輕，不能埋沒，遊行六道，則必有災，如木遊土地，胃災，火遊金地，大腸災，土遊水地，膀胱災，金行木地，膽災，水行火地，小腸災。

血氣：木不受水者血病，土不受火者氣傷。

水東流而木逢沖，或虛脫皆不受水也，必主血疾，蓋肝屬木而納血，不納則病，土逢沖而虛脫則不受火，必主氣病，蓋脾屬土而客氣不容則病矣。

金水傷官，寒則冷嗽，熱則痰嗽，火土印綬，熱則風痰，燥則皮癢，論痰多木火，生毒鬱火金，金水枯傷而腎經虛，水土相勝而脾胃洩。

凡此皆五行不和之病，詳其衰旺可斷其人吉凶，如屬木之病，又看木是日主何神，若木是才，而能發土病，則亦可斷其才之衰旺，妻之美惡，父之興衰，然不必顯驗，有病則應，設六親與事體又不相符者，殆以病而免其咎也。

【六親論】

夫妻：夫妻姻緣宿世來，喜神有意傍天財。

妻與子一也，局中有喜神，一生富貴在於是，妻子在於是，大率依財看妻，如喜神即是財神，其妻美而且富貴，喜神與財神不相妒忌亦好，否則剋妻，亦或不美，或欠和，然看才神又有活法，如才神薄須用助才，才旺身弱又喜比劫，才神傷印者，要官星，才薄官多者要傷官，才氣未行，要沖者沖，洩者洩，才氣流通要合者合，庫者庫，若才神洩氣太重，比劫太露，及身旺無才者，必非夫婦全美也，至於才旺身強，必富貴而多妻妾，用者當審辨其輕重如何。

子女：子女根枝一世傳，喜神看與煞神聯。

大約依官看子，如喜神即是官星，其子賢俊，喜神與官星不相妨亦好，否則無子，或不肖，或有剋，然看官星，又須活法，如官輕要助官，煞重身輕，又須印比，無官只論才，若官星阻滯，要生扶沖發官星，洩氣大重，須合逢助，若煞重身輕而無子者，多女。

父母：父母或興與或替，歲月所關果非細。

子平之法，以才為父，以印為母，而斷其吉凶，十有九驗，然看歲月為緊，歲氣有益於月令者，及歲月不傷夫喜神者，父母必昌，歲月才氣斲喪於時支者，先剋父，歲月印綬斲喪於時支者先剋母，又須活看局中之大勢，不可專論才印者，中間隱隱露露，其興亡之機，不必在才印，看生才生印，與才生印生之神而損益舒配，並及陰陽多寡之論，無不驗矣。

兄第：兄第誰廢與誰興，提綱喜神問重輕。

敗才比肩羊刃皆兄弟也，要在提綱之神，與才神喜神較其輕重，才官弱，三者顯其攘奪之跡，兄弟亦強，才官旺，三者出而助主之功，兄弟必美，身與才官兩平，三者伏而不凶，兄弟必貴，此肩重而傷官才煞亦旺者，兄弟必富，身旺而三者不顯，有印，兄弟必多，身旺而三者又顯，無官，兄弟必衰。

【女命論】

女命：論夫論子要安詳，氣靜和平婦道彰，二德三奇虛好話，咸池驛馬漫推詳。

局中官星明順，夫貴而吉，理自然矣，若官星太旺，以傷官為夫，官星太微，以才為夫，比肩旺而無官，以傷官為夫，傷官旺而無才官，以印為夫，滿局官星欺日主者，喜印綬而官不剋主也，滿局印星傷洩官星之氣者，喜才星而身不剋夫也，大率與男命論貴論子之理相似，局中清顯，子貴而親不必言也，其傷官旺以印為子，傷官無氣以此肩為子也，印綬旺無傷官者以才為子也，才官旺而洩食傷氣者，以此肩為子也，不必專執官星論夫，專執食傷論子，但以安詳順靜為貴，二德三奇不必論，咸池驛馬雖有驗，總之於理不長，其中究論，不可不詳。

【小兒論】

小兒：論才論殺論精神，四柱平和易養成，氣勢攸長無斲喪，關星雖有不傷身。

才庫不黨，才生煞主旺，精神貫足，干支安頓和平，又要看氣勢，如在日主雄旺，氣勢在於才官，而才官不劫日主，氣勢在東南，而五七歲之前不行西北，氣勢在西北，而五七歲之前不行東南，行運不逢斲喪，此為氣勢攸長，雖有關煞不傷身。

【出身論】

科第：巍巍科第邁等倫，一個元機暗裏存。

狀元格局，清奇迥異，若隱若露，奇而難決者，必有元機，須搜尋之，不可輕忽。

黃榜：清得盡時黃榜客，雖得濁氣亦中式。

天下之命，未有不清而發科甲者，清得盡者，必非一二成象，雖五行盡出，而能於所生者化得有情，不混閑神忌客，決發科甲，即有一二濁氣，而清氣或成一個體段，亦可發達。

秀才：秀才不是塵凡子，清氣不嫌官不露。

秀才之命，與異路人，富人，貧人，無甚異別，然終有一種清氣處，但官星不起，故無爵祿。

異路功名：異路功名莫說輕，日干得氣遇才星。

刀筆得成者，與不成者，自異，必是才星得個門戶，通得官星，有一種清旺之氣，所以出得身，其老於刀筆而不能出身者，終是才星與官不顯對也。

【地位論】

功勳：臺閣功勳百世傳，天然清氣顯機權。

欲知人之出身，至地位之大小，亦不易推，蓋為公為卿，必清中又有一種權勢出人矣，不專在一端而論。

兵權：兵權憲府並蘭臺，刃煞神清氣勢恢。

掌生殺之權，其風紀氣勢必起，清中精神必異，又或刃煞兩顯也。

財官：分藩司牧財官和，格局清純神氣多。

方面官，才官為重，必清奇純粹，格正局全，又有一段精神。

首領：便是諸司並首領，也從清濁分形影。

至貴者，得一以清，而位乎上，故膺一命之榮，莫不得清氣，所以雜職佐貳首領等官，豈無一段清氣，而與濁氣者自別，然清濁之形影最難辨，不專是才官印綬內有清濁，凡格局，氣象，用神，合神，日主化氣，從氣，精神，氣神，以及收藏，發生，意向，節度，情性，理勢，源流，主從之間，皆有之，先於皮面影上尋其形，得其形而遂可以尋其精髓，乃驗大小尊卑。

【貴賤貧富吉凶壽夭論】
富命：何知其人富，財氣通門戶。

才旺身旺官星衛才，忌印而才能壞印，喜印而才能生官，傷官重而才神重，才神重而傷官有限，無才而暗成財局，才露而傷官亦露者，此皆才氣通門戶，所以富也，夫論才與論妻之法可相通也，然有妻賢而才薄者，亦有才富而妻傷者，看刑沖會合，但才神清而身旺者妻美，才濁而身旺者家富。

貴命：何知其人貴，官星有理會。

官旺身旺而印衛官，忌劫而官能制劫，喜印而官能生印，才星旺而官星通達，官星旺而才神有氣，無官而暗生官局，官星藏而才神亦藏者，此皆官星有理會，所以貴也，論官與論子之法可相通也，然有子多而無官者，有顯身而無子者，亦看刑沖會合，但官星清而身旺者必主多子，至於得象得氣得局得格者，妻子富貴俱全。

貧命：何知其人貧，才神反不真。

才神不真者，不但洩氣被劫也，傷輕才重，才輕官重，傷重印輕，才重劫輕，皆為才神不真也，若中有一位清氣，則不賤矣。

賤命：何知其人賤，官星還不見。

官星不見，不但失令被傷，財輕官重，官輕印重，才重無官，官重無印，皆是官星不見，若中有一位濁氣，不貧亦賤，至於用神無力，忌神太過，敵不受降，助旺欺弱，主從失宜，及歲運不輔者，既貧且賤。

吉命：何知其人吉，喜神為輔弼。

柱中所喜之神，左右始終皆得其力者必吉，然大勢平順內體堅厚，主從得宜，縱有一二忌神來攻擊日主，亦不為凶，譬之國內安和，不愁外寇。

凶命：何知其人凶，忌神展轉攻。

才神與用神無力，不過無所發達而已，不帶刑凶，至於忌神大多，或刑或沖，歲運助之，相為攻擊，局內無備禦之神，又無主從，必主刑傷破敗，且犯罪受難，到老不吉。

壽命：何知其人壽，性定元氣厚。

靜者壽，柱中無沖無合，無缺無貪，則定性矣，元氣厚者，不特精氣神氣全，而官星不絕，才神不滅，傷官有氣，身弱印輕，提綱輔主，用神有力，時上生根，運無絕地，皆是元神厚處，細究之大率，甲乙寅卯之氣不遇沖戰洩氣，偏旺浮泛，而安頓得所者，必壽，木屬仁，仁者壽，每每有驗，故敢施之於筆，若貧賤之人而亦有壽，以其得氣僅一個身旺，或身弱而運行生地，小小與他衣食不缺可矣。

天命：何知其人夭，氣濁神枯了。

氣濁神枯之命極易看，印綬太旺，日主無看落，才煞太旺，日主無依倚，喜神與忌神雜戰，四柱與行運反沖，絕而不和，靜而不專，濕而不滯，燥而不鬱，精流氣洩，皆壽夭之人。

【貞元論】

貞元：造化生生不息機，貞元往復運誰知，有人識得其中數，貞下開元是處宜。

造化起於元，亦止於貞，再肇貞元之會，胚胎嗣續之機。

貞元，如以八字看以年為元，月為亨，日為利，時為貞，年月吉者前半世吉，日時吉者後半世吉。以大運看，以初十五年為元，次十五年為亨，中十五年為利，後十五年為貞，元亨運吉，前半世吉，利貞運吉，後半世吉，皆貞元之道。然有貞元之好存焉，非特絕處逢生，北盡東來之意也。至於人之壽終矣，而既終之後，運之所行，果所喜者歟，則其家必興，果所忌者歟，則其家必替，蓋考為貞，子為元也，此貞下起元之妙，生生不息之機。予著此論，非欲人知老之年，而示天下以萬世之孝，實時以驗奕世之兆，益知數之不可逃也，學者勉之勖之。

智理文化系列

阿闍梨 玄學五術

作者
覺慧居士

編輯
中華智慧管理學會

封面設計
曾慶文

美術統籌
莫道文

美術設計
曾慶文

出版者
資本文化有限公司
地址：香港中環康樂廣場1號怡和大廈33樓3318室
電話：(852) 2850 7799
電郵：info@capital-culture.com
網址：www.capital-culture.com

鳴謝
宏天印刷有限公司
地址：香港柴灣利眾街40號富誠工業大廈A座15字樓A1, A2室
電話：(852) 2657 5266

出版日期
2022年7月第一次印刷